Bettina Peters

Hund, Katze, Graus

Geschichten aus der Tierarztpraxis

BASTEI
LÜBBE
TASCHENBUCH

BASTEI LÜBBE TASCHENBUCH
Band 60808

1. Auflage: Oktober 2014

Dieser Titel ist auch als Hörbuch und E-Book erschienen.

Bearbeitete und erweiterte Neuausgabe

Copyright © 2014 by Bastei Lübbe AG, Köln
Textredaktion: Friederike Haller, Berlin
Titelillustration: © Shutterstock/Tom and Kwikki; © Shutterstock/maxican
Umschlaggestaltung: FAVORITBÜRO, München
Illustrationen im Innenteil: Kevork Kojayan, Köln
Satz: hanseatenSatz-bremen, Bremen
Gesetzt aus der Adobe Garamond Pro
Druck und Verarbeitung: CPI books Ebner & Spiegel, Ulm
Printed in Germany
ISBN 978-3-404-60808-9

Sie finden uns im Internet unter
www.luebbe.de
Bitte beachten Sie auch: www.lesejury.de

Inhalt

Vorwort

»Darüber müsste man eigentlich ein Buch schreiben.«

Wenn es einen Satz gibt, der mich in meinen zwölf Jahren als Tierarzthelferin begleitet hat, dann war es dieser; gleich nach den alltäglichen Standardverkündungen wie »Ich geh mal grad das Pipi wegwischen« oder »Nein, Ihr Kaninchen kann auf keinen Fall Ihr Meerschweinchen geschwängert haben«.

Im Nachhinein betrachtet ist das Faszinierendste an der Arbeit als Tierarzthelferin die bloße Tatsache, dass sie riesigen Spaß macht. Das nämlich ist nach objektiven Gesichtspunkten eigentlich gar nicht möglich. Denn warum sollte irgendjemand Freude an einem Job haben, bei dem er zu den unmöglichsten Tages- und Nachtzeiten die ekeligsten Aufgaben bewältigen muss, möglichst ohne sich von wilden Tieren zerfleischen zu lassen, und das Ganze auch noch für ein eher sparsames Gehalt? Nur wem es gelingt, gelassen zu bleiben, wenn mal wieder jemand verkündet, was man für einen wunderschönen Beruf ausübt, hat als Tierarzthelferin wirklich seinen Traumjob gefunden.

Je länger ich darüber nachdenke, desto verwunderter bin ich also, dass dieses Buch nicht schon längst geschrieben wurde. Ob nun von mir oder von sonst irgendjemandem. Kuriose Geschichten ereignen sich in Tierarztpraxen schließlich zur Genüge – sei es die vom alkoholkranken Mischlingsrüden, das bewegende Schicksal eines fliegenden Hamsters oder der dramatische Leidensweg eines Bonsai-Suppenhuhns. Und wenn es mal wirklich gar nichts zu lachen gibt, kann man sich darauf verlassen, dass diese Pause nicht von Dauer ist. Schnell sorgen die erstaunlichsten Anfragen und die bizarrsten Persönlichkeiten wieder für gute Stimmung. Denn Tierbesitzer, so viel ist klar, sind eine Klasse für sich. Der Fairness halber sei an dieser Stelle verraten, dass auch ich dieser Spezies angehöre.

Jetzt ist das besagte Buch also endlich geschrieben worden. Und wenn Ihnen das Lesen nur halb so viel Freude macht wie mir das Schreiben, dann hat es sich gelohnt.

Übrigens:

Alle Geschichten in diesem Buch wurden von wahren Begebenheiten inspiriert. Aus Rücksicht auf die Privatsphäre der Patienten und unter Befolgung der tierärztlichen Schweigepflicht habe ich die Erlebnisse aber abgewandelt. Darüber hinaus sind sämtliche Namen, Orte und weitere konkrete Angaben verändert. Ähnlichkeiten mit tatsächlich lebenden oder toten Personen sowie realen Handlungen sind deshalb rein zufällig!

Der Traumjob

oder: Aller Anfang ist schwer

Eigentlich wollte ich ja Fleischerin werden. Wenn es *einen* Beruf gibt, der zu mir passt wie die Faust auf das berühmte Auge, dann dieser! In der Gegenwart von Tieren fühlte ich mich seit jeher glücklich. Was lag da näher, als in der Metzgerei um die Ecke zu arbeiten? Fleischerin war der Job meiner Träume – davon war zumindest der Computer im Berufsinformationszentrum felsenfest überzeugt.

Es muss etwa in der neunten Klasse gewesen sein, als wir einen Ausflug in jenes BiZ unternahmen, um uns für unsere berufliche Zukunft inspirieren zu lassen. Ich ging aufs Gymnasium, hatte noch mehr als vier Jahre Schule vor mir und bislang entsprechend wenig Gedanken an das Thema Berufswahl vergeudet. In erster Linie wusste ich nur, was ich in meinem zukünftigen Job nicht wollte: den ganzen Tag am Schreibtisch sitzen. Irgendwas mit Menschen wollte ich machen. Und vor allem – da war ich mir ganz sicher – etwas mit Tieren.

Ich besaß ein Kaninchen und ein Pflegepferd, das ich abgöttisch liebte und das wahrscheinlich als das Tier mit den albernsten Kosenamen in die Geschichte eingehen wird. »Schneckenpups« und »Süßgranate« waren nur einige meiner persönlichen Highlights. Den Verlust meines Wellensittichs, den rund acht Jahre zuvor die Altersschwäche dahingerafft hatte, hatte ich noch immer nicht komplett überwunden. Etwas Trost spendete mir immerhin mein Freund Sammy, der mich oft zu dem mit einem Herz aus Kieselsteinen geschmückten Vogelgrab in unserem kleinen Wald begleitete. Sammy war ein verfilzter und verflohter Mischlingshund, der auf dem benachbarten Bauernhof lebte und das fragwürdige Talent besaß, bei der halben Nachbarschaft durch seine bloße Anwesenheit Lippenherpes hervorzurufen. Zumindest behauptete das meine Oma, die eine gewisse Abneigung gegen meinen ständigen Begleiter hegte. Ich dagegen liebte ihn und unsere gemeinsamen Ausflüge. Dass Sammy etwas … na ja … *unfrisch* roch und verdächtig oft auf seinem Hintern umherrutschte, störte mich nicht.

Als ich mich an jenem Tag in der neunten Klasse nun also gänzlich unvorbereitet in das Abenteuer Berufsorientierung stürzte, war zumindest eines klar: Meine geliebten Tiere sollten in meinem Leben immer einen besonderen Stellenwert haben.

Im BiZ angekommen, ergatterte ich mit viel Glück einen der heißbegehrten Computerplätze. Von der sagenhaften Berufswahl-Software hatte ich schon viel Gutes gehört. Man gab seine Interessen und besonderen Talente ein, und schon spuckte der Computer eine individuelle Liste mit den Jobs aus, die dem Probanden lebenslanges Glück und eine beeindruckende Karriere versprachen. Aufgeregt fütterte ich den Rechner mit den gewünschten Informationen und arbeitete mich durch einen dicken Fragenkatalog, mit dem das hochmoderne Programm meine verborgensten Fähigkeiten und Bedürfnisse erforschen würde. Die Zielstrebigkeit, mit der die Software vorging, hatte mich bereits tief in ihren Bann gezogen: Ob ich Tiere mochte, wollte sie wissen. Jaaaaa! Und wie! Tiere forever!

Mit dem ganzen Elan meiner jugendlichen Leidenschaft hämmerte ich das Häkchen in das dazugehörige Kästchen. Fertig! Jetzt hieß es Nägel kauen und auf das Ergebnis warten, das das Programm für die gespannte Neuntklässlerin ausarbeiten würde.

Hier und heute beginnt für dich der Weg in die Zukunft!, dachte ich, und der Gedanke an die Tragweite des Augenblicks raubte mir schier den Atem. Mit zitternden Händen nahm ich meine Auswertung aus dem Drucker, noch bevor das Gerät das letzte Tröpfchen Tinte auf das Blatt gespuckt hatte. In diesem denkwürdigen Moment erfuhr ich also, mit welcher Tätigkeit ich mein Lebensglück finden würde: als Fleischerin. Weil ich doch Tiere so mochte!

Der Rest des Tages floss unbemerkt an mir vorüber. Ich war schockiert, desillusioniert, fühlte mich von dem so hochgelobten Computerprogramm aufs Schäbigste betrogen. Die Tiere in meinen wenigen, rudimentären Zukunftsfantasien hatten plüschiges Fell gehabt und niedliche Knopfaugen. *Lebendige* Knopfaugen, die mich fröhlich anblinzelten. Steaks, Wurst und Rippchen waren da nicht vorgekommen! Was auch immer ich mir vorgestellt hatte: Als Fleischerin hatte ich mich in meinen

Wenn-ich-mal-groß-bin-Träumen ganz sicher nicht gesehen. Aber schon toll, so eine Berufe-Software. Die bringt dir echt Klarheit!

Die nächsten Jahre verbrachte ich damit, möglichst wenig Energie auf das leidige Thema Berufswahl zu verschwenden. Das BiZ-Trauma, das ich gerne als Entschuldigung für meine Untätigkeit in Sachen Zukunftsplanung vorschob, nahm mir allerdings niemand so richtig ab. Aber was sollten sie machen? Ich weigerte mich schlicht, mich weiter mit dem Thema zu beschäftigen.

»Ich werde Fleischerin – weil ich Tiere so liebe!«, war meine Standardantwort, wenn mich jemand nach meinen Plänen fragte. Das sorgte für viel Unmut, aber auch für wunderbar schockierte Gesichter. Und ich war ja fein raus: Schließlich hatte das ein bahnbrechendes Computerprogramm für mich so entschieden. DER Star unter den Berufsberatern sozusagen. Was konnte man gegen so ein Expertenurteil schon einwenden?

Erst viel später fragte ich mich, ob dieser bizarre erste Kontakt mit der Berufswelt vielleicht ein Omen war.

Erste Schritte

oder: Wie alles begann

Erst in der elften Klasse gelangte ich an den mit Schrecken erwarteten Punkt, an dem ich mit meiner Blockadehaltung nicht mehr weiterkam: Das dreiwöchige Berufspraktikum stand an. Ich hatte kurz überlegt, mich in der nahegelegenen Fleischerei zu bewerben und meine Eltern damit endgültig zur Verzweiflung zu treiben. Eine höchst ungehalten klingende innere Stimme hatte mich aber davon abgehalten. Sie hatte mich regelrecht zur Schnecke gemacht, und es waren Wörter gefallen, die ich hier nicht wiederholen möchte! Letztendlich brachte sie mich dazu, mir einzugestehen, was ich längst wusste: Der Computer hatte unrecht gehabt. Vielleicht war meine Tierliebe nicht ausgeprägt genug, um von so einem technischen Kasten bemerkt und gebührend gewürdigt zu werden. Auf jeden Fall würde aus mir keine Fleischerin werden.

Ein neuer Traumjob musste her. Und so trennte ich mich von der in den letzten Jahren so oft heraufbeschworenen Vorstellung von rohen Fleischbergen und machte mich frei für neue Zukunftsvisionen. In Ermangelung kreativerer Einfälle besann ich mich auf das Naheliegendste: eine Bewerbung beim Tierarzt. Viel Auswahl hatte ich dabei nicht. Ich wohnte in einer ländlichen Gegend im tiefsten Ostwestfalen, wo es in erster Linie kleinere Praxen gab, in denen die Tierarztfrauen den Part der Helferin übernahmen und die Schwiegermütter die Buchhaltung erledigten. Das konnte meinen hohen Ansprüchen nicht genügen. Und so fiel meine Wahl auf die große Tierklinik in der Gegend, in der man neben Kleintieren auch Pferde und andere Großtiere behandelte, modernste Geräte besaß, von denen andere Praxen nur träumten, und Operationen durchführte, an die sich nur wenige Tierärzte herantrauten.

Ich schrieb nur diese eine Bewerbung – einen Plan B gab es nicht. Das musste einfach klappen! Und es klappte. Ich erfuhr nie, was meinen Erfolg begründet hatte. War es mein aussagekräftiges Anschreiben, meine beeindruckenden Vorkenntnisse, die aus jeder Menge Tierestreicheln und Käfigsäubern bestanden, oder verdankte ich die Zusage doch eher meiner Reiterhoffreundin, die zufällig in eben dieser Klinik ihre Ausbildung machte? Ich wusste es nicht. Fest stand jedenfalls, dass ich mich wie Bolle freute und meine ersten Schritte in die Arbeitswelt plötzlich gar nicht mehr abwarten konnte.

Als mein erster Tag in der Tierklinik bevorstand, stieg meine Nervosität ins Unermessliche. In der Nacht hatte ich schlimme Alpträume: Ich bin Praktikantin in der modernsten, größten und beliebtesten Tierklinik des Landes und schlittere in jedes Fettnäpfchen und jede Katastrophe hinein, die man sich nur vorstellen kann. Die Kollegen hassen mich, die Tiere verfallen in Panik, wann immer ich den Raum betrete, und der Chef wirft mich gleich am ersten Tag aus dem OP, weil ich ihm mitten auf die sterilen OP-Bestecke gekotzt habe.

Das konnte ja heiter werden! Als ich an meinen nächtlichen Angstschweiß zurückdachte, wurde mir zum ersten Mal bewusst, wie wichtig mir dieses Praktikum war. Ich wollte diesen Job lieben, und ich wollte um jeden Preis gut darin sein. Und sei es nur, um einer traurigen Zukunft zwischen Fleischwolf und Wursttheke zu entgehen! Am Morgen meines ersten Arbeitstages war ich daher so aufgeregt, dass ich nicht einmal frühstücken konnte.

Ein paar geradelte Kilometer später betrat ich mit wild klopfendem Herzen zum ersten Mal die Klinik, die für die nächsten drei Wochen mein Arbeitsplatz sein sollte. Es roch leicht nach Desinfektionsmittel – und sonst nach nichts. Ich weiß nicht, was ich erwartet hatte: beißenden Tiergeruch wie in einem Raubtiergehege? Wohl eher nicht. Und trotzdem war es dieser unerwartete, unspezifische Geruch, der mir als Erstes auffiel und der mich bis heute an jenen ersten Tag in der Tierklinik erinnert.

Es war früh am Morgen, die Sprechstunde hatte noch nicht begonnen. Verloren stand ich im menschenleeren Empfangsbereich, in dem ich Jahre später mehr Zeit verbringen sollte als in meinem eigenen Wohnzimmer. Noch fühlte ich mich hier fremd und furchtbar unbedeutend. Offenbar war meine Anwesenheit noch nicht bemerkt worden.

»Hallo?!«, piepste ich und sah förmlich, wie die schüchternen Schallwellen ungehört in den Untiefen der Praxis verschwanden. Egal. Früher oder später hört bestimmt jemand mein hysterisches Herzklopfen, dachte ich, während ich meine Blicke durch den hellen Raum wandern ließ. Die schwere Eingangstür der Klinik öffnete sich direkt in das weitläufige Wartezimmer, das mit großen Grünpflanzen in mehrere gemütliche Nischen unterteilt war. In jeder Nische standen sechs bis acht schwarze Kunststoffstühle, die weniger bequem aussahen.

Davon kann man aber bestimmt gut das Pipi abwischen!, dachte ich und freute mich über meine Scharfsinnigkeit. Einen kleinen Moment lang fühlte ich mich fast schon wie eine echte Tierarzthelferin!

Auf diversen Beistelltischchen tummelten sich Zeitschriften und Flyer, die den Wartenden die Zeit vertreiben sollten. Im hintersten Winkel des Raums entdeckte ich eine Kinderspielecke mit den obligatorischen Malbüchern, einem winzigen

Schaukelpferd und Holzbauklötzen, die selbst für die riesigste Doggenkehle zu groß und somit garantiert auch für Kleinkinder ungefährlich waren.

Noch immer hatte mich niemand bemerkt. Ich war froh über die unerwartete Galgenfrist und nutzte die Zeit, um mich weiter umzusehen. Direkt an das offen angelegte Wartezimmer schloss sich die Anmeldung an, die zu dieser frühen Stunde unbesetzt war. Ein langer, geschwungener Empfangstresen wand sich durch die Längsseite des Raumes, dahinter fand sich die typische Ausstattung von Computer und Telefon bis hin zu Stempeln, Stiften und anderem Bürobedarf. An der Wand hinter der Anmeldung hing ein kleiner Kasten, der wie eine Sprechanlage aussah. Rechts und links des Tresens präsentierten liebevoll dekorierte Glasvitrinen ausgesuchte Produkte des praxiseigenen Pet-Shops. Zwei halb geöffnete Türen hinter dem Empfangstresen führten in dnen Bereich, der den Angestellten vorbehalten war. Verstohlen spähte ich durch den Schlitz der ersten Tür und entdeckte deckenhohe Regale, die mit allerlei Säcken, Schachteln und Kartons vollgestopft waren: die Hausapotheke, in der Futter, Medikamente und Verbrauchsmaterialien für den direkten Verkauf lagerten. Die zweite Tür gab den Blick frei auf ein kleines Labor, in dem kompliziert aussehende Geräte gurrende Geräusche ausstießen und mit bunt blinkenden Lichtern um meine Aufmerksamkeit buhlten.

Eine weitere Tür in der gegenüberliegenden Ecke des Eingangsbereichs führte zur Toilette. Direkt neben der Klotür – ich fand das ganz passend und amüsierte mich über die durchdachte Anordnung – hing eine Art Briefkasten, der in aufdringlich roten Lettern nach »Kundenmeinungen« lechzte.

Das ist also der Bereich für Leute, die was loszuwerden haben, dachte ich mit einem albernen Kichern. Just in diesem

Moment hörte ich, wie jemand schnellen Schrittes den weitläufigen Flur herunterkam, der von Wartezimmer und Anmeldung zu den Behandlungsräumen, OPs und Krankenstationen führte. Verlegen unterdrückte ich mein hysterisches Gekicher, drehte mich hektisch herum, als hätte ich etwas ausgefressen, und stand direkt vor einer riesigen Tierarzthelferin, die mich mit strengem Gesichtsausdruck von Kopf bis Fuß musterte. Na toll! Da hatte ich mit meinem irren Kichern und meinem unbefugten Eindringen ja sicher gleich einen umwerfenden Eindruck hinterlassen!

»Ich bin Bettina«, erklärte ich schnell und viel zu laut, »die neue Praktikantin.«

Die furchterregende Tierarzthelferin fixierte mich noch immer und sagte kein Wort.

Die ist wohl zu viel mit ihren Tieren zusammen!, dachte ich verärgert. Warum spricht die denn nicht mit mir?

»Du bist zu früh! Hast du keine Uhr?«, sagte sie schließlich mit Grabesstimme. Mit aller Kraft kämpfte ich gegen einen übermächtigen Fluchtreflex an.

Wenn du jetzt wegläufst, bleibt dir nur noch die Fleischerei!, mahnte meine innere Stimme. Also blieb ich, wo ich war – und merkte, dass mich die große Frau weiterhin anstarrte. Irgendetwas sollte ich jetzt wohl sagen.

»Tut mir leid. Ich wollte auf keinen Fall zu spät kommen«, stotterte ich mit hochrotem Kopf.

»Macht ja nichts!« Plötzlich strahlte die Tierarzthelferin übers ganze Gesicht. »Schön, dass du da bist. Ich bin Ruth.«

Die furchteinflößende Ruth, die nun gar nicht mehr so einschüchternd wirkte, schüttelte mir herzlich die Hand und lachte entschuldigend: »Du sahst so ängstlich aus, da konnte ich einfach nicht widerstehen! War nicht böse gemeint!«

Sehr witzig!, dachte ich beleidigt. Weil ich ja auch noch nicht nervös genug bin! Da ich aber kein Spielverderber sein wollte, erwiderte ich ihr Lächeln und folgte ihr zu einem Praxisrundgang.

Zunächst zeigte sie mir die fünf Behandlungsräume, die sich den weitläufigen Flur entlang reihten. Neben einem Eingang in den Korridor verfügten alle Zimmer zusätzlich über eine weitere, innenliegende Tür, die die Räume miteinander verband. Die Innenausstattung war überall identisch: eine Küchenzeile, in der alle benötigten Medikamente, Geräte und Verbrauchsmaterialien aufbewahrt wurden, ein höhenverstellbarer Behandlungstisch, der elektrisch bis auf den Boden abgesenkt werden konnte, eine schwenkbare Untersuchungslampe, ein Röntgenbildbetrachter sowie ein Sammelsurium aus Flyern, Leckerli-Dosen und Anschauungsmaterialien vom Kniemodell bis hin zum Plastikherzen. Darüber hinaus beherbergte jedes Behandlungszimmer eine eigene Besonderheit: In einem Raum wurde geröntgt, im nächsten stand das fahrbare Ultraschallgerät, im übernächsten war das ebenfalls transportable EKG-Gerät zu Hause.

Ruth führte mich im Laufschritt durch die verwinkelten Praxisräume und fütterte mich dabei mit den wichtigsten Zahlen, Daten und Fakten. Ob sie das wohl nachher alles abfragen würde? Mir rauchte schon jetzt der Kopf. Acht Tierärzte gab es, dazu zehn Tierarzthelferinnen, eine Büroangestellte und eine Reinigungskraft. Krampfhaft versuchte ich, mir wenigstens das zu merken. Mehr war einfach nicht drin! In meiner Verzweiflung beschränkte ich mich darauf, zumindest angemessen interessiert zu wirken. Ein paar halbwegs kluge Kommentare und hin und wieder ein beeindrucktes Raunen waren alles, was ich zu bieten hatte.

Wir ließen die Behandlungsräume hinter uns und betraten durch eine gläserne Schiebetür den Bereich, zu dem die Kunden keinen Zutritt hatten. Voller Stolz folgte ich Ruth in die OP-Vorbereitung. Hier wurden in separaten Räumen Mensch und Tier für bevorstehende Operationen fertiggemacht: Während der Patient in Narkose gelegt und an der betreffenden Stelle rasiert sowie schon einmal gründlich desinfiziert wurde, schlüpfte das OP-Team nebenan in sterile Kittel und Handschuhe und vermummte sich bis zur Unkenntlichkeit mit Häubchen und Mundschutz.

Die Zugangstüren in die drei OPs öffneten sich automatisch. Ehrfürchtig bestaunte ich Narkose- und Beatmungsgeräte, OP-Tische, deren Vorrichtungen zum Fixieren der schlafenden Tiere mich entfernt an mittelalterliche Folterwerkzeuge erinnerten, und allerlei weitere Geräte, deren Verwendungszweck sich mir vorerst nicht erschloss. An den OP-Bereich grenzte die erste von zwei großen Krankenstationen, in denen Aufwachboxen für die narkotisierten Tiere sowie weitere Boxen für stationäre Patienten untergebracht waren.

Noch bevor ich genügend Zeit für ein geistreiches »Aha!« oder ähnliche Kommentare gehabt hatte, ließen wir auch diese Abteilung hinter uns.

Hoffentlich denkt sie jetzt nicht, ich wär unmotiviert!, dachte ich panisch. Den Außenbereich mit dem massiven Zwangsstand für die gefahrlose Untersuchung von Pferden, dem imposanten Großtier-OP samt Kran zum Anheben der Schwergewichte und den Ställen zur Unterbringung der stationären Patienten handelten wir ebenfalls im Laufschritt ab. Hier würde ich ohnehin nur wenig Zeit verbringen: In erster Linie war ich für die Kleintierpraxis eingeteilt, in die mich Ruth nun zurückführte.

Über ein offenes Treppenhaus, vorbei an dem Schild »Zutritt nur für Praxisangestellte«, gelangten wir in die obere Etage. Hier befanden sich Bad und Büros, ein Umkleideraum, ein zusätzliches Lager, die Waschküche, eine weitere Krankenstation inklusive des Isolierbereichs für Patienten mit ansteckenden Erkrankungen sowie die Teeküche – der Aufenthaltsbereich des Praxisteams. Ruth öffnete schwungvoll die Tür und schob mich vor sich her in den nach frischem Kaffee duftenden Raum.

Völlig unerwartet stand ich vor dem versammelten Praxisteam, das sich zur morgendlichen Lagebesprechung an einem großen Esstisch eingefunden hatte. Reflexartig machte ich einen Schritt rückwärts und prallte mit Ruth zusammen, die immer noch hinter mir stand. Schon wieder so ein peinlicher Auftritt!

Vergiss deine Praxiskarriere, hörte ich mein Alter Ego verächtlich sagen. Du solltest lieber Kurse anbieten: *Wie mache ich mich zum Affen in drei Schritten?* Wie gelähmt stand ich da und fühlte mich den Blicken des Teams schutzlos ausgeliefert.

Was hast du denn erwartet?, rügte ich mich selbst. War doch wohl klar, dass du nicht mit Ruth alleine bleiben würdest! Ich räusperte mich geräuschvoll und öffnete endlich den Mund. Mehr als ein zittriges »Hallo« brachte ich jedoch nicht zustande. Ruth, die scheinbar Mitleid mit der kleinen, völlig überforderten Praktikantin hatte, schob sich an mir vorbei und ergriff das Wort.

»Das ist Bettina, unsere neue Praktikantin«, klärte sie ihre Kollegen auf.

»Hallo«, wiederholte ich, dieses Mal zum Glück mit etwas festerer Stimme, und lächelte tapfer in die Runde.

Ein junges Team, das fast ausschließlich aus Frauen bestand, lächelte zurück. Nur der einzige Mann der Runde, der mir als einer der beiden Chefs vorgestellt wurde, verzog keine Miene.

»Bettina?«, wiederholte er. »So hieß meine erste Frau. Ist übel ausgegangen, hat mich bei der Scheidung ausgezogen bis auf die Unterhose!«

Ohne ein weiteres Wort schlüpfte er an mir vorbei und verließ den Raum. Ich war wie vor den Kopf gestoßen. Der Chef hasste mich jetzt schon. Dabei hatte ich ihm noch gar nicht aufs OP-Besteck gekotzt!

»Und dafür kriegt man auch noch Geld?«

oder: Praktikum auf Wolke 7

Die unerfreuliche erste Begegnung mit dem schlecht gelaunten Chef sollte für lange Zeit mein einziges negatives Erlebnis in der Tierarztpraxis sein. Und doch war sie gleichzeitig der Auftakt einer ganzen Reihe von absurden Begegnungen, die meinen zukünftigen beruflichen Werdegang säumen würden. Nun lag aber erst mal das dreiwöchige Praktikum vor mir, das mich überhaupt erst in die Klinik verschlagen hatte.

Sonja, die Reiterhoffreundin, die hier ihre Ausbildung absolvierte, nahm mich unter ihre Fittiche. Meine erste Amtshandlung bestand im morgendlichen Ausmisten der Pferdeboxen.

»Tut mir leid!«, sagte Sonja zerknirscht. »Aber das gehört halt auch dazu.«

»Klar«, erwiderte ich fröhlich. »Mach dir keine Sorgen!«

Ich für meinen Teil war höchst zufrieden mit meinem ersten Arbeitsauftrag: Boxen ausmisten konnte ich in Perfektion!

Und dass dabei meine einzige Gesellschaft aus den noch schläfrigen Pferden bestand, kam mir sehr gelegen: keine furchteinflößenden Tierarzthelferinnen, keine verbitterten Ex-Ehemänner, nur die sanften Tiere, die mich leise schnaubend begrüßten und sich die ersten Streicheleinheiten des Tages abholten. Ich war ganz in meinem Element. Routiniert arbeitete ich mich von Box zu Box und machte Bekanntschaft mit den Patienten, die auf ihre unnachahmliche Art die riesigen Mäuler aufrissen, um mich mit einem herzhaften Gähnen zu unterhalten. Welch wunderbarer Start in den Tag! Doch auch der größte Äppelhaufen ist irgendwann Geschichte – und so machte ich mich auf den Weg zurück in die Kleintierpraxis, um weitere Anweisungen entgegenzunehmen.

Drinnen hatte mittlerweile die Sprechstunde begonnen. Das Wartezimmer, das vor gut einer Stunde noch leer und verlassen gewesen war, beherbergte nun eine Vielzahl an Kunden, die mit den verschiedensten Haustieren auf ihren Aufruf warteten. Einige rutschten unruhig auf ihren Stühlen hin und her, manche unterhielten sich angeregt mit ihren Sitznachbarn, wieder andere waren damit beschäftigt, ihre aufgeregten Hunde unter Kontrolle zu halten. In der Kinderspielecke bemalte ein etwa fünfjähriger Junge das helle Fell seines Golden Retrievers mit einem grünen Filzstift, bis seine in die Zeitung vertiefte Mutter aufblickte und ihm unter lautem Gezeter den Stift entriss.

Ruth hatte den Posten hinter der Anmeldung eingenommen und offenkundig alle Hände voll zu tun. Fasziniert beobachtete ich, wie sie die Neuankömmlinge begrüßte, sie in den Computer eintrug, mitgebrachte Proben entgegennahm, Medikamente zum Mitgeben zusammenpackte, Rechnungen abkassierte, Termine vergab, Fragen beantwortete und nebenbei auch noch das ständig klingelnde Telefon bediente. Sie wirkte nicht einmal gestresst, sondern lächelte strahlend in die Runde, hatte für jeden ein nettes Wort parat und behielt scheinbar mühelos den Überblick in all dem Chaos. Das war Multitasking der Extraklasse! Ich war schon vom Zusehen überfordert und schlich mich beeindruckt davon. Im Flur traf ich auf Sonja.

»Ich hab dich schon gesucht«, verkündete sie. »Du kannst Thorsten im OP helfen.«

Thorsten war einer der angestellten Tierärzte und wegen einer Autopanne bei der morgendlichen Besprechung nicht dabei gewesen. Mit zitternden Beinen folgte ich Sonja in den OP.

Das ist die Feuerprobe!, schoss es mir durch den Kopf. Die wollen gleich mal sehen, was du aushältst!

Was immer auch passieren würde: Ich nahm mir fest vor, mich nicht zu blamieren.

Du wirst nicht ohnmächtig werden! Du wirst auch nicht in Tränen ausbrechen, niemanden mit dem Skalpell verletzen und nicht auf das OP-Besteck kotzen! DU WIRST DICH NICHT BLAMIEREN! Heute nicht, morgen nicht, nie wieder! Ausrufezeichen! Meine innere Stimme erinnerte mich an einen Coach, der seinen sichtlich angeschlagenen Schützling im Boxring auf die nächste Runde vorbereitet. *Du kannst bluten, wie du willst, aber umfallen is' nich'!* Das war also geklärt …

Im OP angekommen, stellte Sonja mich dem Tierarzt vor. Thorsten war etwa Ende zwanzig und hatte ein offenes, ansteckendes Lachen, das meine Nervosität augenblicklich auf ein erträgliches Maß reduzierte. Erleichtert wusch und desinfizierte ich meine Hände nach Sonjas Anweisungen und ließ mir von ihr in einen sterilen OP-Kittel und in die OP-Handschuhe helfen. Dann rauschte sie davon und ließ mich mit Thorsten und einer weiteren Helferin allein, die in der Zwischenzeit bereits mit der Operation begonnen hatten. Folgsam ließ ich mich auf den mir zugewiesenen Rollhocker sinken – und blickte in den ersten Hundebauch meines Lebens.

Auf dem Tisch lag eine Hündin, die kastriert werden sollte. Das narkotisierte Tier lag auf dem Rücken, die Beine nach außen ausgebunden, der rasierte und mit grünen Tüchern abgedeckte Bauch hell erleuchtet vom gleißenden Licht der OP-Lampen. Mein erster Eindruck von dem Innenleben der Hundedame war überraschend: ziemlich vollgestopft und erstaunlich wenig Blut!

Thorsten entpuppte sich als perfekter Lehrmeister. Geduldig erklärte er mir jeden einzelnen Arbeitsschritt und die Lage der Organe. Fasziniert lauschte ich seinen Ausführungen. Die Angst vor der Ohnmacht und weiteren Blamagen war vergessen. Ich starrte in die glitschigen Eingeweide – und liebte es! Als ich dann noch beim Zunähen die Fäden abschneiden durfte, war es endgültig um mich geschehen. Da war er, der Traumjob! Wer hätte das gedacht? Weit und breit kein einziges Nackensteak, und trotzdem war ich glücklich!

Die folgenden drei Wochen bestanden für mich aus einer schier endlosen Aneinanderreihung solch freudiger Momente. Am liebsten pendelte ich zwischen OP und Krankenstation. Ich assistierte bei den verschiedensten Eingriffen, hielt den operierten Tieren beim Aufwachen das Pfötchen und aß mittags mit dem tollsten Praxisteam der Welt die Kuchen, mit denen uns die Tierbesitzer in ihrer Dankbarkeit beglückten. Ich lernte alles Wissenswerte über Impfungen und Wurmkuren, die wichtigsten Infektionskrankheiten sowie Funktion und Erkrankungen der Organe. Im Labor entdeckte ich überraschenderweise meine »Vorliebe« für Körperausscheidungen – die vielen Tests und Untersuchungsverfahren sowie der Umgang mit den imposanten Laborgeräten hatten auf mich eine geradezu meditative Wirkung. Dass die Angestellten für so viel Spaß und Zufriedenheit auch noch Geld bekamen, erschien mir fast unanständig. Aber ich hatte natürlich Verständnis dafür, dass auch sie ihre Miete zahlen und neben all dem Kuchen hin und wieder etwas Gescheites essen mussten …

Drei Wochen lang lebte ich auf Wolke 7. Als der Abschied nahte, brachte ich Kuchen mit – vielleicht wären Mettbrötchen passender gewesen – und bedankte mich bei den liebgewonnenen Kolleginnen und Kollegen für das schönste Praktikum, das ich mir jemals hätte vorstellen können. Selbst der Bettina-hassende Chef hatte sich als umgänglich erwiesen und mich vor allem mit seiner fachlichen Kompetenz schwer beeindruckt. Beim Abschied konnte ich tatsächlich die eine oder andere Träne nicht zurückhalten.

Für das Team war ich sicherlich nur eine Praktikantin von vielen. Für mich jedoch war die Zeit in dieser Klinik ein Traum gewesen, aus dem ich nie wieder aufwachen wollte. Und so schwor ich mir an diesem Tag: Ich würde wiederkommen!

Zurück im Glück

oder: Der Ernst des Lebens

Gut zweieinhalb Jahre später war ich wieder da: mit demselben Herzklopfen und denselben Ängsten vor derselben Praxistür. Ich hatte den begehrten Ausbildungsplatz in der besten Tierklinik der Welt ergattert – und konnte mein Glück kaum fassen. Dass ich zwölf Jahre bleiben und genügend kuriose, lustige und bewegende Anekdoten für mindestens ein Buch erleben sollte, ahnte ich an jenem Tag nicht.

Rein äußerlich hatte sich in der Klinik seit meinem Praktikum nichts verändert. Alles sah so aus, wie ich es in Erinnerung hatte, und auch der unverwechselbare Geruch hing noch immer allgegenwärtig in der Luft. Es fühlte sich an, als würde ich nach langer Zeit endlich wieder nach Hause kommen.

Beim Praxisteam gab es hingegen ein paar Veränderungen. Ruth hatte eine kleine Tochter bekommen und war mit ihrer Familie in eine andere Stadt gezogen. Auch meine Reiterhoffreundin Sonja war nicht mehr dabei; sie hatte ihre Ausbildung abgeschlossen und sich für ein Studium entschieden. Dafür war Thorsten, mein Lieblingstierarzt, noch immer da, ebenso wie Tierärztin Isabell, der ich am zweiten Praktikumstag bei einer hinreißenden Katzengeburt assistiert hatte. Der unheimliche Chef mit der Bettina-Phobie war immer noch Chef.

Man kann bekanntlich nicht alles haben!, tröstete ich mich selbst.

Ein weiteres bekanntes Gesicht, Tierarzthelferin Natalie, erwartete mich hinter der Anmeldung, als ich am ersten Tag meiner Ausbildung nervös den Empfangsbereich betrat.

»Hey, Bettina!«, rief sie über die Wartenden hinweg. »Was machst du denn hier? Ich dachte, du wolltest Fleischerin werden!«

Die ersten Monate meines Arbeitslebens waren die perfekte Fortsetzung meiner Praktikumszeit. Ich lernte viel, lachte noch mehr und freute mich unsäglich über das große Privileg, als angehende Tierarzthelferin mein Hobby zum Beruf machen zu können. Manchmal, wenn ich Grünschnabel mal wieder aus vollem Herzen dem Traumjob Tierarzthelferin huldigte, spürte ich die vielsagenden Blicke meiner erfahrenen Kolleginnen.

»Lass uns in einem Jahr nochmal sprechen!«, erwiderte Natalie auf die Frage, was es mit der verhaltenen Reaktion auf meine Loblieder auf sich hatte. »Du wirst es schon noch sehen.«

Und ich sah es. Nicht von einem Moment auf den nächsten, sondern Stück für Stück, in erträglichen Portionen. In meiner Euphorie hatte ich vollkommen übersehen, dass ich als Praktikantin ein entscheidendes Element des Berufsalltags nicht kennengelernt und damit gründlich unterschätzt hatte: den Menschen. Die fremde Spezies »Tierbesitzer«, die von nun an für die größten Herausforderungen, die absurdesten Aktionen und die packendsten Emotionen sorgen sollte. Irgendwo zwischen Lachkrämpfen und Nervenzusammenbrüchen begriff ich, was meine Kolleginnen längst wussten: Das Leben ist kein Ponyhof. Das Leben in der Tierarztpraxis schon gar nicht. Ich sage Ihnen, so eine Wursttheke ist nichts dagegen!

Seelenverwandte

oder: Wie treibe ich meinen Hund in den Wahnsinn?

Das Grauen hat viele Gesichter. Mir fallen auf Anhieb eine ganze Menge ein. Einige davon, das wurde mir von Tag zu Tag klarer, gehörten den Kunden in unserer Praxis – zum Beispiel Frau Schubert. Sie war um die sechzig, korpulent und auffallend schlecht dauergewellt. Außerdem besaß sie einen Hund: einen mittelgroßen Mischling, der fast genauso aussah wie seine Besitzerin. Schon bei unserem ersten Zusammentreffen deutete sich zwischen Frau Schubert, Frau Schuberts Hund und mir eine ungewöhnliche Dreiecksbeziehung an, in der nur zwei von drei Beteiligten auf einer Wellenlänge lagen. Nur so viel vorweg: Das waren nicht Frau Schubert und ich!

Bei ihrem ersten Besuch mit dem neuen Hund legte ich wie gewohnt im Computer eine neue Karteikarte an.

»Dann bräuchte ich bitte einmal den Namen«, sagte ich mit einem Blick auf den Welpen.

»Schubert«, antwortete Frau Schubert.

»Nein, ich meinte den Hund«, lächelte ich nachsichtig.

»Ach so«, sagte Frau Schubert.

Sonst nichts. … Vollkommene Stille … Neben ihren Füßen verdrehte der Hund genervt die Augen. Zumindest sah es so aus. Wahrscheinlich passierte ihm das nicht zum ersten Mal.

»Ja, und wie heißt Ihr Hund?«, fragte ich nochmal.

»Blacky«, antwortete Frau Schubert.

Von seinem Platz neben Frauchens Füßen aus warf Blacky

mir einen anklagenden Blick zu. Ich verstand, worauf er hinauswollte. Blacky war braun. Nicht schwarz. Noch nicht einmal dunkelbraun, sondern ganz eindeutig einfach nur braun. Ich fragte nicht, wer Blacky seinen Namen gegeben hatte, und tippte zu Frau Schuberts Gunsten auf ein sehr junges Enkelkind. Die machen so was. Sie glauben ja nicht, wie viele Haustiere mit den unmöglichsten oder unpassendsten Namen herumlaufen. Mich würde es nicht wundern, wenn dadurch schon einige in schwere Depressionen verfallen wären.

Blacky war also braun. Noch dazu war Blacky gar kein »Er«, sondern eine »Sie«. Auch wenn Frau Schubert uns das wohl bis heute nicht so ganz glaubt: Die Beweise waren eindeutig. Blacky war ein braunes Hundemädchen. An diesem ersten Tag bekam sie ihre Welpenimpfung und bestand mit Bravour den großen Check-up – die TÜV-Untersuchung nannten wir das. Frau Schubert war glücklich, Blacky eher gleichgültig, ich irgendwo dazwischen. Frauchen bezahlte an der Anmeldung ihre Rechnung und wollte sich schon verabschieden, als ihr Blick auf den Hundenamen auf ihrem Beleg fiel.

»Sie haben ›Blacky‹ falsch geschrieben«, wies sie mich zurecht. »Das schreibt man B-L-E-C-K-I!«

»Ach so«, rutschte es mir heraus, »kommt das gar nicht von ›Schwarz‹?«

»Doch«, sagte Frau Schubert, »klar!«

Ich verkniff mir jeden Kommentar über die ungewöhnliche Schreibweise des ungewöhnlichen Namens und korrigierte die Angaben im Computer. Blecki, das braune Hundemädchen. Das konnte ja heiter werden. Und das wurde es auch!

Bei unserem nächsten Treffen war Blecki schon fast erwachsen. Die Locken saßen immer noch miserabel. Bei ihr genauso wie bei ihrem Frauchen.

»Ich glaube, Blecki ist zurückgeblieben«, vertraute mir Frau Schubert an, die Stimme zu einem verschwörerischen Flüstern gesenkt. An Bleckis fassungslosem Gesichtsausdruck erkannte ich, dass sie jedes Wort verstanden hatte. Wer von uns ist hier wohl zurückgeblieben?, sagte ihr Blick. Ich versuchte, sie zu ignorieren, und konzentrierte mich ganz auf Frau Schubert.

»Wie kommen Sie denn darauf?«, fragte ich.

»Jetzt ist der Hund schon fast acht Monate alt und hebt immer noch nicht das Bein!«, beklagte sie sich, während Blecki sich sichtlich entspannte. Die Hündin hatte wohl erkannt, dass ich mich im Geiste längst auf ihre Seite geschlagen hatte.

»Aber Blecki ist doch ein Mädchen«, erklärte ich vorsichtig, jedes Wort langsam und deutlich artikulierend. »Die heben nicht das Beinchen.«

»Warum nicht?«, fragte Frau Schubert vorwurfsvoll, als wäre das meine Schuld.

»Warum sollten sie?«, entgegnete ich und erläuterte im Schnelldurchgang die Anatomie des Hundes mit besonderer Betonung des entscheidenden Unterschiedes zwischen Rüde und Hündin. Frau Schubert schien nicht zu verstehen, worauf ich hinauswollte und warum es als Hündin nicht zurückgeblieben, sondern sogar extrem clever war, sich beim Pillern hinzuhocken. Zu meinem Glück hatte sie aber offenbar beschlossen, sich von solch unnützem Wissen nicht den Tag verderben zu lassen. Immer noch skeptisch, kaufte sie die Wurmkur für ihren Hund und verabschiedete sich.

Blecki folgte ihr brav in Richtung Ausgang. Im letzten Moment jedoch zögerte sie. Den Blick fest auf Frau Schubert gerichtet, blieb sie plötzlich stehen – und pieselte demonstrativ auf die Fußmatte. Im Hocken, versteht sich. Wie gerne sie Frauchen dabei wohl den Stinkefinger gezeigt hätte! Schade, dass sie keinen hatte. So wechselten das braune Hundemädchen und ich nur noch einen wissenden Blick. Dann verschwand Blecki mit ihrer Besitzerin eilig durch die Tür und überließ die Fußmatte ihrem Schicksal.

Ein paar Tage und unzählige Patientenbesuche später hatte ich Frau Schubert und ihren »zurückgebliebenen« Hund schon fast vergessen. Es war spät – eigentlich hatten wir längst Feierabend und wollten nur noch nach Hause. Da rief eine ziemlich aufgeregte Frau Schubert an. Mit sich überschlagender Stimme redete sie auf mich ein. Ich verstand erst mal gar nichts und versuchte, sie zu beruhigen.

»Ein Notfall!«, stieß sie schließlich hervor. »Blecki blutet! Alles voller Blut! Mein Gott, was soll ich denn jetzt machen?«

Isabell, die notdiensthabende Tierärztin, stand neben mir, die Jacke schon an, und ahnte Böses. Ich zupfte an ihrem Reißverschluss, und sie verstand, was ich ihr sagen wollte: Die Jacke kannst du wieder ausziehen. Da kommt noch ein Notfall.

»Was ist denn passiert?«, fragte ich Frau Schubert. »Und wo blutet Ihr Hund?«

»Ich weiß nicht! Hier ist alles voller Blut. Was soll ich nur machen?«, jammerte sie.

»Wir schauen uns das mal an. Machen Sie sich am besten direkt auf den Weg«, sagte ich.

»Meinen Sie, das muss sein? Ich bin schon im Schlafanzug!«

Ich verdrehte die Augen und dachte an Blecki, die blutend in Frau Schuberts Wohnung saß und sicher mindestens genauso genervt aussah wie ich gerade.

»Wenn Blecki stark blutet, sollten wir uns das auf jeden Fall ansehen«, erklärte ich und verstand wie so oft die Welt nicht mehr. *Sie* hatte doch *mich* angerufen und von viel Blut und einem Notfall berichtet. Also was jetzt?

»Ich dachte, Sie könnten mir vielleicht telefonisch weiter-helfen. Und ins Auto packe ich die so sowieso nicht. Da ist ja nachher alles voller Blut!«

Klar, wie dumm von mir. Das konnte man Frau Schubert na-türlich wirklich nicht zumuten. Und überhaupt: Ich konnte das ja auch ganz leicht telefonisch regeln. Mit meinem patentierten Long-Distance-Diagnose-Röntgenblick. Inklusive eingebauter Blutstillung. Dass ich nicht gleich darauf gekommen war!

»Nein, Frau Schubert, telefonisch kann ich da nichts ma-chen. Haben Sie denn schon mal nachgesehen, wo das Blut her-kommt? Hat sie sich vielleicht an der Pfote verletzt?«, versuchte ich es nochmal.

»Nein, das kommt nicht von der Pfote. Irgendwo *da* kommt das her!«, antwortete sie.

Oh Mann, Frau Schubert, ich kann Sie nicht sehen! Ich at-mete tief durch und wies geduldig darauf hin, dass sie mir schon erklären musste, was genau ich mir unter »da« vorstellen sollte.

»Da am Hintern«, zischte sie, hörbar genervt, »nur ein biss-chen tiefer.«

Langsam ahnte ich, was los war.

»Aus der Scheide? Blutet Blecki aus der Scheide?«, fragte ich und fühlte mich wie Sherlock Holmes kurz vor der Lösung eines kniffligen Kriminalfalls.

»Ich weiß nicht. Wo ist denn die Scheide?«

Ich gab ihr eine möglichst genaue Lagebeschreibung und überlegte kurz, ob ich bei der Gelegenheit auch gleich nochmal das komplette Programm mit den Bienchen und Blümchen ab-spulen sollte. Aufgrund der fortgeschrittenen Stunde entschied ich mich jedoch dagegen.

»Ja, das kann sein. Richtig, da kommt das Blut her«, berich-tete Frau Schubert live vom Ort des Geschehens.

Ich entspannte mich etwas. Auch Isabell, die alles mitgehört hatte, machte ein hoffnungsvolles Gesicht. Aber da war noch etwas, das mir Sorgen machte.

»Und sie blutet stark?«, hakte ich nach. »Sie sagten, es ist schon alles voller Blut?«

»Na ja, so zwei, drei Tropfen waren das bestimmt, als ich heute Abend nach Hause kam.«

Isabell griff nach ihrer Jacke. Ich erlaubte mir ein kurzes, vielsagendes Schnaufen.

»Blecki ist läufig, Frau Schubert. Kein Grund zur Sorge.«

»Und dann kommt da Blut raus?«

»Ja, dann kommt da Blut raus.«

»Viel Spaß noch!«, sagte Isabell mit einem diabolischen Grinsen und verschwand in Richtung Feierabend. Die hatte es gut.

»Warum haben Sie das denn nicht gleich gesagt?«, fragte Frau Schubert vorwurfsvoll.

Richtig. Meine Schuld. Das hätte ich aber wirklich wissen müssen. Ich Trottel. Auf telepathischem Wege übermittelte ich Blecki mein Mitgefühl. Bestimmt war ihr das Ganze furchtbar peinlich.

»Und was soll ich jetzt machen?«, quengelte Frauchen unterdessen.

»Gar nichts. Das hört von alleine wieder auf. Halten Sie nur die Nachbarsrüden fern, wenn Sie keinen Nachwuchs wollen. Und wenn Sie möchten, können Sie Blecki ein Höschen anziehen, damit Ihre Wohnung sauber bleibt.«

»Ein Höschen? Das ist ja total unhygienisch! Die bleibt über Nacht im Bad. Dann habe ich den Dreck wenigstens nicht überall!«

Vor meinem geistigen Auge sah ich, wie Blecki aus dem

Zimmer schlich und nebenan mit ihren dicken Pfoten panisch versuchte, die Telefonnummer des Tierschutzbundes zu wählen.

»Sie können den Hund doch nicht zwei Wochen lang im Bad einsperren!«, wies ich Frau Schubert zurecht. Stattdessen legte ich ihr nahe, in den nächsten Tagen in der Praxis vorbeizuschauen und sich zum Thema Kastration beraten zu lassen.

»Wenn ich gewusst hätte, wie kompliziert das ist, hätte ich mir einen Rüden geholt!«, stöhnte sie.

Ich hoffte, dass Blecki noch im Nebenzimmer beschäftigt war und die fiese Bemerkung überhört hatte. Ohne ein Wort des Dankes verabschiedete sich die Besitzerin und legte auf. Wofür sollte sie sich auch bedanken – schließlich blutete der Hund ja immer noch!

In dieser Nacht träumte ich von einer dicken Frau, die ihren braunen, wild gelockten Hund durch ein riesiges Badezimmer jagt, in der Hand einen überdimensionalen Tampon. So viel also zum Thema »abschalten«.

CSI: Tierarztpraxis

oder: Den Tätern auf der Spur

Die Erlebnisse mit Frau Schubert und der braunen Locken-Blecki hatten mich erschüttert. Wolke 7 hatte einen schweren Imageschaden davongetragen und glich nun eher einer ungemütlichen Regenwolke. Zum ersten Mal seit Beginn meiner Ausbildung fühlte ich mich urlaubsreif.

»Wieso?«, stichelte mein Freund unbarmherzig, als ich ihm beim sonntäglichen Fernsehabend mein Leid klagte. »Ich habe mal gehört, dieser Job sei ein Privileg – und dafür bekommst du doch sogar auch noch Geld!«

Ich verprügelte ihn mit der leeren Chipstüte.

Die nächsten Wochen wurden zu einer echten Geduldsprobe. Dann war es endlich so weit: Der letzte Arbeitstag vor meinem Urlaub brach an. Zwei Wochen Sonne, Strand und Meer erwarteten mich. Entsprechend gut war meine Stimmung – diesen einen Tag würde ich auch noch überstehen!

Das Telefon klingelte. Fröhlich-beschwingt meldete ich mich. Ein eher mürrischer Mann mittleren Alters erwiderte meinen Gruß. Er hieß Fickmann, und obwohl ich das schon ziemlich lustig fand, war das nicht sein eigentliches Problem.

»Ich hab da mal eine Frage«, begann Herr Fickmann. »Bei mir zu Hause habe ich so Köttel gefunden und würde gerne wissen, von was für einem Tier die stammen.«

»Wie sieht der Kot denn aus?«, fragte ich interessiert.

»So dunkelbraun. Fast schwarz«, antwortete der Anrufer.

Toll. Dann ist ja alles klar! Als würde diese Beschreibung nicht auf die Hinterlassenschaften von fast jedem Säugetier der Welt zutreffen!

»Wo haben Sie den Kot denn gefunden? In Ihrem Haus?«, bohrte ich nach.

»Nein, nein, der lag draußen«, klärte mich Herr Fickmann auf.

»Und wie ist er geformt? Rund oder eher oval?«

»Ziemlich rund.«

»Das könnten Kaninchenköttel sein«, resümierte ich und fragte mich gleichzeitig, warum das so wichtig war. Findet man nicht in jedem Garten ständig irgendwelchen Tierkot, wenn man nur genau genug hinsieht?

»Aber können Kaninchen denn so gut klettern?«, erkundigte sich Herr Fickmann mitten in meine Überlegungen hinein.

»Wieso denn klettern?«, fragte ich verwirrt.

»Na, die Köttel habe ich doch auf meinem Balkon gefunden. Im dritten Stock. Kommen Kaninchen da überhaupt hoch?«

»Och, mit der richtigen Ausrüstung …«, scherzte ich und hatte die Szene sofort lebhaft vor Augen: Perfekt ausgestattet mit Helm, Seilen und Karabinerhaken kraxelt das Kaninchen langsam die Hauswand hinauf. Oben angekommen, kackt es zielstrebig auf Herrn Fickmanns Balkon – um sich im Anschluss ebenso gekonnt wieder abzuseilen. Albern grinste ich vor mich hin.

Der Anrufer hatte meine Ironie allerdings wohl nicht verstanden. Es war Zeit, ihn aufzuklären.

»Nein«, sagte ich, »wenn Sie den Kot auf Ihrem Balkon gefunden haben, ist der ganz sicher nicht von einem Kaninchen. In diesem Fall tippe ich eher auf Ratten oder Mäuse, je nach Größe der Köttel.«

»Kann ich die Ihnen einfach mal vorbeibringen?«, fragte Herr Fickmann.

»Klar«, bestätigte ich. »Wir schauen uns das mal an.«

Mit Kacke kenn ich mich aus!, fügte ich in Gedanken hinzu. Sollte er doch ruhig mit einem Sack voll Kot vorbeikommen – ich war jetzt ja sowieso erst mal im Urlaub …!

Das Missverständnis

oder: Wie kommt die Medizin ins Tier?

Nach zwei Wochen Nichtstun hatte sich mein Gemütszustand endlich wieder gebessert. Gierig sog ich an meinem ersten Arbeitstag nach dem Urlaub den vertrauten Praxisgeruch ein – wie hatte ich das vermisst! Doch die Realität holte mich schneller ein, als mir lieb war, denn gleich in der ersten Woche tauchte Yorki-Hündin Lisa mit ihrer Besitzerin in der Praxis auf.

Lisa hatte Durchfall, aber die Untersuchung einer Kotprobe brachte keine Hinweise auf Parasiten. Also gab es für den kleinen Hund erst einmal einen Beutel Magen-Darm-Diät und ein Tütchen mit Kapseln. »Zweimal täglich eine« hatte mein Chef auf die Tüte geschrieben.

Nun sind Tiere und Medikamentengaben ja eine Sache für sich. Wenn Sie stolzer Besitzer eines gefräßigen Labradors sind, bei dem der Leberwurst-Trick auch noch nach fünf Jahren funktioniert und jede noch so große Tablette mit einem Happs sang- und klanglos im Magen landet, sollten Sie sich glücklich schätzen! Es geht nämlich auch anders. Meine Katze ist dafür das perfekte Beispiel. Da versorgt man jahrelang die Patientenbesitzer mit den tollsten Tipps, wie sie ihrem Liebling ganz einfach alle erforderlichen Medikamente unterjubeln können, um dann zu Hause regelmäßig an seinem eigenen Stubentiger zu scheitern. Und das, obwohl ich eigentlich die liebste Katze der Welt besitze – wenn es nicht gerade um Medikamente geht! Die schluckt sie leider nicht. Niemals. Gar nicht. Keine Chance.

Das Dumme ist, dass alle Tricks, die irgendwie mit Leckerchen und Futter zu tun haben, bei Kamikatze – so heißt mein kleiner Bruchpilot – sowieso schon mal ausfallen. Die kann nämlich quasi nur von Luft und Liebe leben und stellt beim geringsten Verdacht das Fressen einfach mal komplett ein. Wenn's sein muss, auch für immer! Also bleibt nur eins: Medikament reinstecken, Mäulchen zuhalten und den Schluckreflex auslösen. Blöd nur, wenn das Tier vor lauter Maulzuhalten blau anläuft und Ihnen die Tablette – oder das, was davon übrig ist – am Ende trotzdem noch vor die Füße spuckt. Grinsend natürlich. Ich erwähnte ja schon, dass ich eine besonders freundliche Katze habe.

An dem einen denkwürdigen Tag, an dem ich endlich einmal dachte, ich hätte ihr nach einer Stunde Dauerkampf erfolgreich eine Tablette eingegeben, fand ich diese übrigens später beim Staubsaugen wieder. Kami hatte die halb aufgelöste Pille im Vorbeigehen dekorativ an die Wand geklebt. Resigniert puhlte ich den Beweis meines Versagens von der Tapete und kam mir von da an immer etwas heuchlerisch vor, wenn ich unsere Kunden ermutigte, ihren Tieren Tabletten einzugeben.

Doch zurück zu Lisa. Denn noch bemerkenswerter als meine eigenen Erlebnisse mit der Verabreichung von Medikamenten ist wohl ihr Erlebnis mit den Durchfallkapseln.

»Davon geben Sie ihr bitte morgens eine und abends eine«, wiederholte ich vorsichtshalber die Notiz auf der Verpackung und ahnte nicht, dass sich hier gerade ein heftiges Missverständnis anbahnte.

Etwa eine Woche später, beim Kontrolltermin, ging es dem Yorki deutlich besser.

»Aber das mit den Kapseln war echt schwierig«, erzählte die Besitzerin. »Erst wollte Lisa nicht stillhalten, und wenn ich die Kapsel dann endlich drin hatte, hat sie sie immer sofort wieder rausgedrückt.«

»Ja«, bestätigte ich und dachte kurz an meine Katze, die wahrscheinlich gerade lächelnd auf dem Sofa schlief. »Da denkt man, man hätte es geschafft, und dann spucken sie einem das Ganze doch wieder vor die Füße!«

»Wieso spucken?«, entgegnete die Besitzerin verwirrt. »Ich hatte doch so kleine Zäpfchen, die ich ihr in den Hintern einführen musste!«

Fassungslos starrte ich sie an. Von wegen Zäpfchen! Vorsichtig wies ich darauf hin, dass wir uns da wohl ein bisschen missverstanden hatten und die Kapseln eigentlich oral gegeben werden sollten. Der arme Hund! Und das arme Frauchen! Ich nahm mir vor, in Zukunft noch deutlichere Anweisungen zu geben.

»Morgens und abends jeweils eine Kapsel eingeben. Ins

Maul«, das wollte ich von nun an sagen. Kurz überlegte ich, ob ich noch ein erklärendes »Das ist ganz vorne am Tier. Die Öffnung, wo auch das Futter reinkommt« hinzufügen sollte. Aber das war dann wohl doch ziemlich klar. Zumindest hoffte ich das.

Willkommen im Wahnsinn

oder: Ein Tag im Leben einer Tierarzthelferin

Schon wenige Wochen später war die Urlaubsbräune in trauter Eintracht mit dem letzten Rest Erholung verschwunden. Ich fühlte mich ausgelaugt – und musste beim morgendlichen Blick in den Spiegel widerwillig feststellen, dass ich auch genauso aussah.

Die Nacht war kurz gewesen. Nein, ich hatte leider nicht gefeiert und einen über den Durst getrunken, sondern gearbeitet. Nach einer ohnehin schon endlos langen, anstrengenden Sprechstunde war ich gerade erst nach Hause gekommen und hatte eine Tiefkühlpizza in den Ofen geschoben, als das Notdienst-Handy klingelte. Die Nacht bescherte mir eine Berner-Sennen-Dame, die wir per Kaiserschnitt von unglaublichen vierzehn Welpen befreiten.

Nach nur drei Stunden Schlaf war ich nun wieder auf den Beinen und bereit für den nächsten Dienst. Mehr oder weniger zumindest: Meine Motivation war anscheinend noch im Bett geblieben.

»Lass dich nicht ärgern!«, sagte mein Freund aufmunternd, als ich nach meiner Jacke griff.

»Ich doch nicht!«, versprach ich tapfer. »Wer mich ärgern will, der muss schon früher aufstehen.«

Wie sich schnell herausstellen sollte, war genau das passiert. Derjenige, der mich heute als Erster ärgern wollte, hatte das Bett sehr früh verlassen und wartete schon vor der Praxis, als ich pünktlich auf den Hof fuhr. Bis zur Öffnung war eigentlich noch eine halbe Stunde Zeit, in der ich in Ruhe alles vorbereiten und sämtliche Geräte einschalten wollte.

»Guten Morgen«, grüßte ich mit gezwungener Fröhlichkeit, als ich mich dem Wartenden mit dem Schlüssel in der Hand näherte. Es war Herr Brehms, ein langjähriger Kunde, der nicht gerade meine Hitliste der beliebtesten Tierbesitzer anführte. Und sofort lieferte er mir den Beweis, dass ich mich nicht in ihm täuschte. Meinen Gruß erwiderte er mit einem unfreundlichen Nicken und einem stirnrunzelnden Blick auf die Uhr. Meine Stimmung sauste ein paar Stockwerke tiefer in Richtung Erdkern.

»Ich muss gleich zur Arbeit«, motzte er, als wäre das meine Schuld, »und brauche vorher noch dringend die Herztabletten für meinen Hund.«

»Sie können gerne schon mit reinkommen«, erlaubte ich gnädig und hatte nicht das Gefühl, dass er den besonderen Service hinter diesen Worten erkannte. Klar kam er schon mit rein! Warum auch nicht? Etwa weil wir eigentlich noch gar nicht geöffnet hatten? Blödsinn!

Ich eilte ihm voraus und verschwand als Erstes um die Ecke, um die Alarmanlage auszuschalten, die mit einem leisen Piepsen auf sich aufmerksam machte.

»Das wurde aber auch Zeit!«, stellte Herr Brehms gereizt fest, als ich wieder bei ihm war. »Das Piepen macht einen ja wahnsinnig!«

Dann komm doch einfach wie alle anderen während der Öffnungszeiten!, dachte ich verärgert. Dann piept's hier auch nicht!

»Welche Tabletten brauchen Sie denn?«, überging ich seine Meckerei und schaltete dabei den Computer an.

»Diese weißen«, antwortete Herr Brehms.

Sehr aufschlussreich. Davon haben wir ja auch nur eine einzige Sorte!

»Wissen Sie vielleicht, wie die heißen?«, hakte ich nach.

»Steht doch im Computer«, sagte der Kunde, gegen den ich selbst, trotz meiner gegenwärtigen Verfassung, plötzlich beinahe gut gelaunt wirkte.

»Der braucht noch einen Moment«, erläuterte ich mit einem Blick auf den Bildschirm.

»Wie, Sie brauchen noch einen Moment? Ich hab echt keine Zeit!«, fuhr mich Herr Brehms an.

»Ich bin fertig«, widersprach ich und fügte in Gedanken ein genervtes »Mehr als Sie denken!« hinzu. »Der Computer ist nur noch nicht hochgefahren.«

»Das macht man ja auch eigentlich, bevor die Patienten kommen!«, wies mich der morgendliche Besucher zurecht.

Stimmt. Also genau jetzt!, dachte ich und erwähnte noch einmal vorsichtig, dass wir ja eigentlich noch gar nicht geöffnet hatten. Was gar nicht gut ankam.

»Ja, jetzt bin ich aber da!«, stellte der Hundebesitzer fest.

»Stimmt«, bestätigte ich und merkte noch im selben Moment, wie unglaublich unhöflich das klang. »Das ist ja auch kein Problem«, fügte ich also mit einem strahlenden Lächeln hinzu und konzentrierte mich auf den Computer, der sich heute Morgen besonders viel Zeit ließ. Endlich war die Maschine einsatzbereit und versorgte mich mit den nötigen Informationen. Ich holte eine Packung des gewünschten Medikaments und gab sie dem ungeduldigen Patienten.

»Wie geht es Ihrem Hund denn so?«, fragte ich versöhnlich.

»Gut.«

»Schön«, kommentierte ich und ahnte nicht, dass das ein großer Fehler war.

»Ja, für Sie vielleicht!«, meckerte der Besitzer. »Ich finanziere Ihnen hier ja auch Ihren Arbeitsplatz!«

Na ja, ganz so wenig verdiene ich dann ja Gott sei Dank doch nicht, dachte ich belustigt. Was sollte man dazu sagen, ohne frech zu wirken? Ich entschied mich spontan für ein diplomatisches »Ja, so ein älterer Hund kann ganz schön teuer werden.« Was allerdings genauso verkehrt war.

»Meinen Sie etwa, ich hätte kein Geld?«, fragte Herr Brehms mit sich überschlagender Stimme. Spätestens jetzt war klar, dass er definitiv viel schlechter gelaunt war als ich.

Was *ich* meine, wollen Sie ganz bestimmt nicht wissen!, dachte ich erbost. Tapfer verschanzte ich mich hinter meinem unschuldigsten Lächeln und ließ meinen Gedanken für einen kurzen Augenblick freien Lauf. Im Geiste sah ich, wie sich mein Alter Ego aus meinem Körper löste, zielstrebig um die Anmeldung schlenderte und dem unfreundlichen Kunden seine weißen Herztabletten über den schlecht gelaunten Kopf schüttete. Toll, was so ein Alter Ego alles darf!

»Kann ich jetzt bezahlen oder kosten die heute nichts?«, unterbrach Herr Brehms meine süßen Rachegedanken.

Wenn du mich so fragst, kosten die heute das Doppelte! Ich kratzte jedes bisschen Selbstbeherrschung zusammen, kassierte und verabschiedete den Hundebesitzer, ohne mich auf weitere Diskussionen einzulassen. Das kann ja nur noch besser werden!, hoffte ich, als er endlich weg war. Doch das wurde es nicht …

Für das nächste denkwürdige Erlebnis des Tages sorgte eine Frau um die vierzig, die einen Dackel-Mix und ihren etwa zweieinhalbjährigen Sohn im Schlepptau hatte. Die drei befanden sich auf der Durchreise und hatten die Nacht in ihrem Wohnmobil auf einem kleinen Parkplatz am Waldrand verbracht. Das erfuhr ich deshalb, weil die Dame lautstark ihrem Ärger über einen nächtlichen Besucher Luft machte, den sie in unserem idyllischen Örtchen nun wirklich nicht erwartet hatte. Spätabends hatte nämlich ein fremder Mann an ihre Wagentür geklopft und sich nach den Preisen für ihre Liebesdienste erkundigt. Sie hatte den kontaktfreudigen Herrn schimpfend in die Flucht geschlagen und war noch immer hochgradig entrüstet über die dreiste Frage.

Ich setzte mein verständnisvollstes Gesicht auf, während ich innerlich feixte. Ich bin wirklich kein Moralapostel – nach einer kurzen Musterung der Hundebesitzerin bekam ich aber doch eine gewisse Ahnung davon, wie das peinliche Missverständnis zustande gekommen sein könnte. Die farbenfrohe Gesichtsbemalung der Dame in Kombination mit ihrem aufreizenden Trägerkleid, das kaum über den Po reichte und auch obenherum ganz klar dem Motto »Weniger ist mehr« folgte, verleitete tatsächlich schnell zu bestimmten Schlussfolgerungen.

Von ihrem aufreizenden Äußeren abgesehen, verhielt sich die Kundin zunächst eher unauffällig. Nervig war nur ihr Sohn, der innerhalb von Sekunden den Inhalt unserer Kinderspielecke im gesamten Wartezimmer verteilt und zwei in einem Korb wartende Kaninchen mit lautstarken Kontaktversuchen fürs Leben traumatisiert hatte. Endlich versiegte sein Entdeckerdrang. Nach einem letzten Blick in die Runde kehrte er zu seiner Mutter zurück, die einen freien Stuhl inmitten der vielen Wartenden ergattert hatte.

»Hunger!«, quengelte er laut und zupfte an ihrem kaum vorhandenen Rockzipfel.

Die Frau beugte sich zu ihrem Sohn – und packte statt der erwarteten Butterkekse kurzerhand ihre ohnehin nur spärlich bedeckte Brust aus. Einfach so. Vorm versammelten Wartezimmer. Der ältere Herr neben ihr lief rot an und bekam einen

Hustenanfall. Die anderen Anwesenden hatten plötzlich alle Hände voll damit zu tun, die Leinen ihrer Hunde zu entwirren, den Verschluss des Katzenkorbes zu überprüfen oder auf irgendeine andere Weise schwer beschäftigt zu wirken. Fassungslos beobachtete ich, wie der Junge seinen Hunger stillte und anschließend nahtlos zu einer weiteren Erkundungstour durch die Praxis überging.

Fehlt nur noch das Bäuerchen!, dachte ich, aber das blieb uns das gesättigte Kind zum Glück schuldig. Die bunt bemalte Mutter packte ihre Brüste wieder ein und vertiefte sich in aller Seelenruhe in ihre Zeitschrift. Der allgemeine Aufruhr, den ihre offene Art ausgelöst hatte, war ihr offenbar entgangen.

Die Sprechstunde neigte sich langsam dem Ende entgegen und hatte keine weiteren Überraschungen oder Ärgernisse bereitgehalten. Ich begann, mich langsam auf einen dienstfreien, entspannten Abend zu freuen. Doch der letzte Patient des Tages sollte mich noch einmal auf eine harte Probe stellen. Es handelte sich um einen sehr jungen Familienvater, der bei unseren bisherigen Begegnungen nicht gerade mit Intelligenz geglänzt hatte, ansonsten aber ganz nett gewesen war. Auch an diesem Abend hatte er sich vorbildlich angemeldet, auf seinen Aufruf gewartet und anschließend bei mir seine Rechnung bezahlt. Mit seinem Medikamententütchen in der Hand verließ er die Praxis – und stand zwei Minuten später wieder vor mir an der Anmeldung.

»Hallo, haben Sie noch was vergessen?«, fragte ich lächelnd.

»Mir ist da was Blödes passiert«, erklärte der junge Mann. »Ich habe versehentlich die Tüte mit den Medikamenten fallen gelassen, und jetzt sind drei der fünf Glasampullen kaputt.«

»Ach, das ist ja ärgerlich«, kommentierte ich mitfühlend. »Ich hole Ihnen schnell drei neue.« Gesagt, getan. Ich holte die

Medikamente aus dem Behandlungsraum und reichte sie dem Wartenden. Er bedankte sich und wandte sich zum Gehen.

»Äh, tut mir leid, wir müssten das bitte noch abrechnen«, rief ich ihn zurück. Die finanziellen Dinge waren mir immer etwas peinlich, aber es gab nun einmal die Anweisung, alle verkauften Medikamente direkt zu kassieren.

»Häh, wieso das denn?«, fragte der Kunde ungehalten. »Ich habe doch eben schon alles bezahlt!«

»Ja, aber die drei neuen Ampullen sind noch nicht berechnet worden«, erklärte ich geduldig. Der brave Familienvater war mit einem Satz zurück an der Anmeldung – und rastete vollkommen aus.

»Ich lass mich doch hier nicht verarschen!«, schrie er mich an. »Die drei Ampullen habe ich doch gar nicht verwenden können! Die sind kaputtgegangen. Ich kann Ihnen die Scherben zeigen!«

»Das müssen Sie nicht, das glaube ich Ihnen ja«, bestätigte ich ruhig. »Trotzdem haben Sie jetzt ja drei weitere Ampullen bekommen.«

»Aber das war doch keine Absicht! Das kann doch jedem mal passieren!«

»Natürlich«, bestätigte ich. Als ob ich ihm die drei Ampullen als Strafe für seine Schusseligkeit in Rechnung stellen wollte! »Das ist ja auch gar kein Problem. Fakt ist aber, dass Sie jetzt acht Ampullen bekommen haben, von denen drei noch nicht bezahlt sind.«

Der Mann tobte und schrie, wechselte zwischen der Mitleidstour und wüsten Beleidigungen und regte sich so auf, dass ein Teil von mir sich ernsthaft um sein armes Herz sorgte. Ein anderer Teil meines Egos war da weniger fürsorglich.

Wenn der jetzt umkippt, steigen wir über ihn drüber, schließen die Tür ab und machen Feierabend!, sagte eine Stimme in meinem Inneren böse. Ich zog diplomatisch den Kopf ein und ließ den Sturm der Entrüstung über mich ergehen. Schließlich zückte das erboste Herrchen sein Portemonnaie, warf mir mit voller Wucht einen 10-Euro-Schein entgegen und stürmte mit den Worten »Das war das letzte Mal, dass ich in dieser Praxis war!« hinaus.

»Sie kriegen noch was wieder«, piepste ich eingeschüchtert, aber die Tür war schon hinter ihm ins Schloss gefallen.

War bestimmt Trinkgeld. Ich fand, das hatte ich mir nach diesem Tag mehr als verdient!

Rudi und der Rumtopf

oder: Alleine trinken macht doch keinen Spaß!

Trinkgeld und zufriedene Patienten sind eine Sache. Das Schönste an der Arbeit in einer Tierarztpraxis ist jedoch, dass es niemals langweilig wird. Denn neben Routine-OPs, Impfungen und den kleinen Wehwehchen des Tagesgeschäfts gibt es immer wieder kuriose und wirklich spannende Fälle. So ist man als Angestellte in der Veterinärmedizin nicht nur Schreibkraft, Putzfrau, Kindermädchen, Animateurin und Psychotherapeutin, sondern manchmal auch als Detektivin unterwegs. Wie im Falle des Mischlingsrüden Rudi.

Rudi war ein mittelgroßer Hundemann in den besten Jahren, der abgesehen von einer kleinen Magen-Darm-Verstimmung noch nie ernsthaft krank gewesen war. Eines Abends aber kamen Herrchen und Frauchen von der Arbeit nach Hause und merkten sofort, dass etwas nicht stimmte. Zum ersten Mal, seit sie sich Rudi als Welpen in ihr Haus geholt hatten, war er nicht an die Haustür gekommen, um seine Besitzer zu begrüßen. Auch auf ihre Rufe reagierte er nicht. Schließlich fanden sie einen völlig desorientierten Rudi, der sich im dunklen, kühlen Keller versteckt hielt. Der Hund konnte sich kaum auf den Beinen halten und taumelte unkontrolliert durch die Wohnung. Morgens war noch alles in Ordnung gewesen – jetzt ging es ihm ganz offensichtlich hundeelend. Herrchen und Frauchen waren außer sich vor Sorge und packten den Hund kurzerhand ins Auto, um mit ihm in die Praxis zu fahren.

Auch wir standen vor einem Rätsel. Niemand wusste, was mit Rudi passiert war, und auch die erste Untersuchung brachte keine Klärung. Wir nahmen Blut ab, machten ein Röntgenbild und einen Ultraschall. Alles schien in bester Ordnung zu sein. Und doch ging es dem armen Hund richtig schlecht. Wir legten ihm einen Venenzugang, schlossen eine Infusion an und wollten ihn gerade zur weiteren Beobachtung auf unsere Krankenstation bringen, als er sich mühsam von seiner Decke erhob. Mit letzter Kraft taumelte er auf mich zu, sah mich aus blutunterlaufenen Augen leidend an – und kotzte mir direkt vor die Füße.

Besorgt über die neueste Entwicklung, begann die Suche nach der Ursache für Rudis Erkrankung von vorne. Was konnte es nur sein? Vielleicht eine Vergiftung? Die Besitzer waren ratlos: Im ganzen Haus gab es keine frei zugänglichen Putzmittel, keine Giftpflanzen, nichts, was dem Hund hätte schaden können. Ich widmete mich derweil diskret der Beseitigung des Erbrochenen. Und stutzte plötzlich – die unappetitliche Masse roch wie eine mittelgroße Kneipe zur Hochbetriebszeit. Interessiert pikste ich mit einem Holzspatel in den Brei und stieß auf eine Auswahl nahezu unzerkauter Früchte.

»Entschuldigung«, unterbrach ich die Lagebesprechung der Anwesenden, »können Sie sich das mal ansehen?«

Vier neugierige Augenpaare beugten sich über mich und meine Entdeckung, während Rudi in der Ecke zusammensackte wie ein Häufchen Elend.

»Was könnte das wohl sein? Das riecht stark nach Alkohol.«

Rudis Frauchen wurde leichenblass.

»Der Rumtopf!«, stammelte sie. »Der Hund muss die eingelegten Früchte für den Rumtopf geklaut haben!«

Wie zur Bestätigung entfuhr Rudi ein satter Rülpser. Eine

penetrante Alkoholfahne raubte uns schier den Atem. Mit einem herzzerreißenden Seufzen rollte sich der Hund auf seiner Decke zusammen – und erntete hämisches Gelächter. Die Besorgnis wich allgemeiner Schadenfreude: Rudi war nicht krank, er war betrunken! Total voll. Selber schuld. Aber der Spott schien nicht bis zu seinem beduselten Verstand durchzudringen. Rudi fiel in einen komatösen Schlaf und schnarchte so selig, wie es Besoffene nun einmal tun.

Ich trug ihn vorsichtig auf die Krankenstation, die zu einer waschechten Ausnüchterungszelle umfunktioniert wurde. Rücksichtsvoll verdunkelte ich die Fenster, vermied laute Geräusche und wählte den extragroßen Wassernapf für die Nacht – gegen den Nachdurst! Den Rest mussten weitere Infusionen und die Zeit erledigen.

Am nächsten Morgen roch die gesamte Praxis wie nach einem feuchtfröhlichen Betriebsfest. Ich hatte noch nicht gefrühstückt und riss angeekelt alle Fenster auf, um den Gestank loszuwerden. Der Betrunkene hatte die Nacht gut überstanden. Wirklich fit sah er allerdings noch nicht aus.

Nie wieder Alkohol!, sagte sein belämmerter Gesichtsausdruck.

»Das haben schon ganz andere gesagt!«, belehrte ich ihn, wenig überzeugt.

Mit einem breiten Grinsen riss mein Chef die Tür zur Krankenstation auf.

»Na, was macht die Schnapsdrossel?«, fragte er ohne jedes Mitleid.

»Die Schnapsdrossel hat einen üblen Kater«, flachste ich.

Gegen Mittag durfte der immer noch arg mitgenommene Hund nach Hause. Frauchen war überglücklich und versprach, in Zukunft besser auf die alkoholischen Getränke aufzupassen.

»Bloß gut, dass er nicht auch noch Herrchens Zigarren geraucht hat«, witzelte sie.

Rudi allerdings konnte darüber gar nicht lachen. Bedröppelt wankte er neben seiner Besitzerin zum Auto. Wir dagegen freuten uns über das Happy End, reichlich Gesprächsstoff – und das nette Dankeschön der Familie. In Rudis Namen bekamen wir eine Magnumflasche Sekt. Das Beste jedoch war die beiliegende Karte: »Alleine trinken macht eben doch keinen Spaß! Prost – euer Rudi«

Neulich im Wartezimmer

oder: Leichen im Keller

Bei uns »auf'm Dorf« ist ein Streifenwagen auf dem Hof immer gleich eine kleine Sensation. Sofort beginnt die Gerüchteküche zu brodeln. Da wir in unserer Praxis regelmäßig auch Dienst-hunde der Polizei behandelten, war für uns der Anblick nicht weiter ungewöhnlich. Für unsere Kunden galt das allerdings nicht. Man sah es förmlich in ihren Köpfen arbeiten, wenn sie im Wartezimmer auf Uniformierte mit ihren Hunden trafen. Was war denn hier im Gange? Hatte der Tierarzt jemanden ver-giftet? Oder hatte jemand die Tierarzthelferin ermordet, weil sie ihm keinen Termin nach 19 Uhr geben wollte? Vielleicht brau-ten die Angestellten auch die neueste Designerdroge aus ihren Medikamenten zusammen und verkauften sie am Hauptbahn-hof. Eines war auf jeden Fall immer sofort klar: Diese Praxis hatte Dreck am Stecken – sonst wär die Polizei schließlich nicht extra angerückt!

Einmal baten uns »unsere« Hundeführer um einen ganz be-sonderen Gefallen. Zur Praxis gehörte ein riesiger Misthau-fen, und da die Polizisten immer auf der Suche nach neuen Herausforderungen für ihre Spürhunde waren, hatten sie eben diesen Misthaufen als Übungsobjekt auserkoren. Dazu ver-steckten zwei Beamte früh am Morgen mit unserer Erlaubnis einige Leichenteile im Mist – es handelte sich um ein Training für Leichenspürhunde. Später am Vormittag rückten dann die Suchteams an. Auf unserem Parkplatz wimmelte es von Polizeifahrzeugen, Uniformierten und ihren Hunden. Zugegeben, das Ganze sah schon ziemlich spannend aus, und die Wartenden in der Praxis staunten nicht schlecht. Unter ihnen ganz besonders Herr Wilsmann, der sich neugierig die ohnehin schon knubbelige rote Nase an der Scheibe plattdrückte.

»Da sind ganz viele Polizisten auf Ihrem Hof!«, informierte er mich aufgeregt.

Sach bloß! Wo kommen die denn plötzlich her?

»Ja, ist mir auch schon aufgefallen«, antwortete ich nur – für lange Erklärungen fehlte mir gerade die Zeit. Also beobachtete Herr Wilsmann weiter das Geschehen und überlegte sicher schon mal, wie er die Geschichte später in seiner Stammkneipe zum Besten geben würde. Da ging plötzlich die Tür auf. Herein kam einer der Diensthundeführer, der unsere Toilette benutzen wollte. Die Gelegenheit konnte sich der sensationslüsterne Herr natürlich nicht entgehen lassen.

»Guten Tach!«, sagte er, um die Aufmerksamkeit des Hundeführers auf sich zu lenken.

»Guten Tag!«, grüßte dieser höflich zurück.

»Sagensema, was suchen Sie denn da draußen?«, fragte Herr Wilsmann mit einem vertraulichen Mir-können-Sie-das-doch-ruhig-sagen-Lächeln.

»Leichenteile«, antwortete der Polizist freundlich und ließ den verdutzten Mann im Flur stehen. Dem guten Herrn Wilsmann fiel fast die Kinnlade runter. Einen Moment lang befürchtete ich schon, ich müsste ihm mit Riechsalz zu Hilfe eilen. Doch er fasste sich schnell wieder. Das war ja noch viel spannender als erwartet: Der Tierarzt hat eine Leiche in seinem Misthaufen versteckt! Wenn er das Meiers Hansi und den anderen erzählen würde! Endlich mal was los in diesem Kaff!

Herr Thompson

oder: Die Sache mit den Flöhen

Neben dem neugierigen Herrn Wilsmann hat sich auch Herr Thompson einen festen Platz in meinen Erinnerungen gesichert. Er war etwa Ende sechzig und kam mit seinem Pudel zu uns. Herr Thompson war launisch und eher einfach gestrickt und doch, auf eine unerklärliche Weise, liebenswert. Außerdem war Herr Thompson Schotte – und zwar ein waschechter. Soll heißen: Er drehte jeden Cent zweimal um und schachterte wie auf einem orientalischen Basar um jeden Euro. Regelmäßig nervte er uns damit, vorm versammelten Wartezimmer zu verkünden, er brauche keine Rechnung, wir könnten die Behandlung seines Tieres ruhig schwarz erledigen. Dann wäre es schließlich billiger.

Klar, Herr Thompson. Mach doch auch noch 'n Aushang! Wie groß ist die Wahrscheinlichkeit, dass so eine plumpe Anstiftung zu einer Straftat funktioniert? Auf einer Skala von null bis zehn? Unterirdisch! Irgendwann ließen wir ihn in dem Glauben, er bekäme seinen gewünschten illegalen Sonderpreis, und druckten die ordnungsgemäße Rechnung erst aus, wenn er weg war. Interessanterweise gab er jedes Mal, nach all dem verbissenen Feilschen, so viel Trinkgeld, dass sein »Rabatt« wieder dahin war.

Herr Thompson blieb uns in vielen Dingen ein Rätsel. Oft stellte er seltsame, fast kindliche Fragen, mit denen er uns schier zur Verzweiflung trieb. Das Schlimme waren aber genau genommen nicht die Fragen selbst, sondern seine vollkommene Resistenz gegen jede auch noch so simpel formulierte Antwort.

Bis heute kann ich nicht sagen, ob er die Antworten wirklich nicht verstand oder ob er sie einfach nicht abspeicherte. Ein Sprachproblem schien es nicht zu sein, denn der Schotte sprach perfekt Deutsch. Auf jeden Fall konnte es passieren, dass er dieselben Fragen wieder und wieder stellte – um dann, wie nach einem Geistesblitz, plötzlich selbst auf die Antwort zu kommen, die man ihm gerade schon unzählige Male gegeben hatte. Auf diese Weise verdanke ich ihm ganz bestimmt ein paar graue Haare. Allerdings muss ich zugeben, dass er wohl auch an verschiedenen Lachfältchen nicht ganz unschuldig ist.

Da Herr Thompson also sparsam war, ein Tierarztbesuch aber oftmals teuer ist, griff er an besonders kommunikativen Tagen gerne zum Telefon, anstatt persönlich vorbeizukommen. Ich erinnere mich speziell an einen Fall, in dem er sich offenbar vorgenommen hatte, mich endgültig in den Wahnsinn zu treiben. Der Tag begann ganz harmlos mit einem morgendlichen Anruf, der nicht weiter ungewöhnlich war.

»Jaaaa, Thompson hier«, meldete er sich in der ihm eigenen nasalen, langgezogenen Sprechweise, »ich hab da mal 'ne Frage. Mein Hund kratzt sich so – was kann das wohl sein?«

»Das kann ganz viele Ursachen haben«, erwiderte ich und gab ihm einen kurzen Überblick von »A« wie Allergie bis »M« wie Milben. Da es Sommer und eine Flohbehandlung seiner Aussage nach schon eine Weile her war, tippte ich erst mal auf einen Flohbefall. Ich erklärte ihm, wie er der Sache auf den Grund gehen konnte, und empfahl, sich bei Bedarf ein passendes Mittel abzuholen.

»Ja, meinen Sie denn, das könnten Flöhe sein?«, fragte er sicherheitshalber nochmal nach.

Nee, war nur 'n Witz!, dachte ich sarkastisch. Laut sagte ich: »Ja, das könnten Flöhe sein« – hätte ich ja sonst nicht gesagt, oder? Er bedankte sich und legte auf … Um etwa fünf Minuten später erneut anzurufen.

»Jaaaa, Thompson hier«, meldete er sich, als wäre nie etwas gewesen, »ich hab da mal 'ne Frage. Mein Hund kratzt sich so – was kann das wohl sein?«

Etwas verwirrt versuchte ich, mir nichts anmerken zu lassen, und wiederholte meine Ausführungen von vorhin. Herr Thompson ließ ebenfalls nicht erkennen, dass wir das gleiche Gespräch schon einmal geführt hatten, und reagierte auf jeden Hinweis, als würde er zum ersten Mal davon hören.

»Und Sie meinen, das könnten Flöhe sein?«, fragte er deshalb sicherheitshalber nochmal nach.

»Ja, das könnten Flöhe sein«, bestätigte ich.

Wieder bedankte er sich und beendete das Gespräch. Ich zog kurz die Möglichkeit in Betracht, einem besonders lebhaften Déjà-vu zum Opfer gefallen zu sein, als er zum dritten Mal anrief.

»Jaaaa, Thompson hier«, meldete er sich, und ich widerstand dem Drang, ihm ins Wort zu fallen: Lassen Sie mich raten – Ihr Hund hat Flöhe!

Wieder erzählte er von seinem sich kratzenden Hund, und wieder erzählte ich ihm, was mir dazu so alles einfiel. Langsam wurde es langweilig. Schlimmer war jedoch, dass meine Kollegen mittlerweile von der Sache Wind bekommen hatten. Im Hintergrund versuchten sie, mich mit einer bühnenreifen Vorstellung zum Lachen zu bringen. Isabell schlüpfte in die Rolle des geplagten Hundes, kratzte sich wie blöd und jagte ihrem imaginären Schwanz hinterher. Thorsten hatte sich den Kittel wie eine Zwangsjacke angezogen und führte sich selbst unter heftiger Gegenwehr ab – welchen Part er hier spielte, war nicht schwer zu erraten.

Herr Thompson beendete Gespräch Nummer drei, und ich streckte meinen offenbar nicht ganz ausgelasteten Kollegen das Telefon entgegen.

»Hier! Kann sich doch jemand anders zum Affen machen. Ich bin raus!«

Noch während wir darüber diskutierten, wer nun aufgrund welcher Verfehlungen, besonderer Talente oder warum auch immer beim nächsten Mal ans Telefon gehen sollte, klingelte es wieder. Schon beim ersten Klingeln wusste ich: Er ist es! Bei keinem anderen Anrufer klingelte das Telefon so penetrant. So schien es zumindest in diesem Moment. Drei Augenpaare starrten argwöhnisch auf den Apparat, der mittlerweile hysterisch bimmelte. Keine Hand griff nach dem Hörer.

»Wir machen Schnick, Schnack, Schnuck!«, forderte ich verzweifelt – und verlor prompt.

Wieder meldete ich mich. Wieder meldete er sich. Und kam diesmal gleich zur Sache: »Ich glaube, mein Hund hat Flöhe.«

Ich war perplex. Woher wusste er das bloß?! Das hat dir der Teufel gesagt!, schrie ich und stampfte rumpelstilzchenlike mit dem Fuß auf den Boden – natürlich nur im Geiste.

»Dann kommen Sie am besten vorbei und holen sich etwas gegen die Flöhe ab«, riet ich Herrn Thompson.

»Ja, meinen Sie denn, das könnten Flöhe sein?«, fragte er sicherheitshalber nochmal nach.

»Ja, das könnten Flöhe sein«, bestätigte ich resignierend.

Mit letzter Kraft hinderte ich mich daran, meinen Kopf in rhythmischen Bewegungen gegen die Wand zu schlagen. Die flüchtige Erinnerung an eine jüngere, unschuldigere Version meiner selbst trieb mir die Schamesröte ins Gesicht: Da hatte es doch tatsächlich mal eine Zeit gegeben, in der ich diesen Job als »Traumjob« bezeichnet hatte! Fast schon niedlich, so viel Naivität!

Bis zum Ende meiner Schicht am späten Nachmittag hatte ich den Überblick über die Zahl der Anrufe endgültig verloren. Nur eines wusste ich genau: Es waren viele! Mit großer Dankbarkeit und nur ganz wenig Mitleid übergab ich das Telefon meiner Kollegin Natalie. Wenn's hart auf hart kommt, muss schließlich jeder an sich selbst denken. Genau das tat ich und ging erschöpft nach Hause.

Am nächsten Morgen war ich überzeugt, die Schrecken des Vortages hinter mir zu haben. Noch bevor der erste Patient kam, klingelte das Telefon. Gut gelaunt meldete ich mich – und zuckte beim Klang der vertrauten Stimme zusammen wie ein geschlagener Hund.

»Jaaaa, ich bin's«, meldete sich Herr Thompson schlicht. So weit war es nun also schon gekommen. Keine Namen mehr. Ich erkannte ihn an der Stimme. Wenn das nicht traumatisch war, was dann?

»Ah, geht ja noch!«, näselte der Schotte am anderen Ende.

»Wie bitte?«, fragte ich verständnislos.

»Mein Telefon. Mir war mein Telefon runtergefallen, und jetzt wollte ich ausprobieren, ob es noch funktioniert«, erklärte er, bedankte sich und legte auf.

Ihm ist sein Telefon runtergefallen? Und da ruft er uns an, um es auszuprobieren? Seine Tierarztpraxis? Ich war fassungslos. Auf welche Ideen die Leute kommen! Ihm war niemand anderes eingefallen, den er hätte anrufen können? Unglaublich. Und auch irgendwie traurig. Wir waren scheinbar seine engsten Vertrauten.

Vergeben und vergessen waren die emotionalen Qualen der Vergangenheit. Ich nahm mir vor, in Zukunft noch freundlicher zu ihm zu sein. Und wurde direkt zu Herrn Thompsons Lieblingstierarzthelferin. Wahrscheinlich war es der bloße Mangel an Alternativen – auf jeden Fall nahm ich nach und nach einen hohen Stellenwert in seinem Leben ein. Er erzählte mir immer mehr von sich. Oft waren es ziemlich seltsame Geschichten, die irgendwo zwischen schräg und durchgeknallt anzusiedeln waren. Trotzdem verstanden wir uns super.

»Gleich und Gleich gesellt sich gern«, stichelten meine Kollegen.

»Gegensätze ziehen sich an«, konterte ich grinsend.

Irgendwann fand Herr Thompson meine private Nummer raus und rief mich ständig zu Hause an. Wochenlang ging ich nicht ans Telefon und fühlte mich ganz schlecht dabei, aber das war mir dann doch zu viel. Psychologischer Beistand nur während der Betriebszeiten. Danach bin ich ganz gerne selbst mein schwierigster Patient. Jawoll!

Schließlich gab er auf und beschränkte sich wieder auf unsere ziemlich regelmäßigen Praxiskontakte. Obwohl er nicht arbeitete, ließ er sich immer nur in der Mittagszeit einen Termin geben. Irgendwann verriet er mir den Grund: Er suchte Ruhe vor seiner Frau! Und wenn er mittags zu uns kam, konnte er alleine gehen, denn dann lief ihre Lieblingsserie im Fernsehen. Herr Thompson hatte ihr also kurzerhand erzählt, wir würden nur noch mittags Termine vergeben. Jetzt war ich auch noch seine Komplizin. Ein ungutes Gefühl! Ich versprach dichtzuhalten und hatte von da an immer etwas Angst, von der betrogenen Ehefrau entlarvt zu werden. Glücklicherweise sprach sie mich niemals darauf an. Wahrscheinlich war sie genauso froh über eine gelegentliche Auszeit wie ihr Mann. Schließlich waren sie seit Jahrzehnten von morgens bis abends zusammen – sofern er nicht gerade mit seiner Tierarztpraxis telefonierte oder seinen mittäglichen Termin wahrnahm.

Wissen ist Macht

oder: Von H-Milch und der I-Kuh

Intelligenz ist nicht alles. Das sage ich mir immer wieder – und ich wette, dass auch Herr Thompson mir da ohne zu zögern beipflichten würde. Wer hat schon Lust auf einen zweiten Einstein, wenn der ständig mit seinem Wissen protzt, in den Herausforderungen des Alltags jedoch eine Niete ist und zum Lachen in den Keller geht? Dummheit ist keine Schande, und sowieso: Wer bestimmt eigentlich, wer schlau ist und wer nicht? Was man wissen sollte und welches Wissen man sich getrost sparen kann? Ist das Glück nicht vielleicht wirklich mit den Dummen? Vermutlich lachen die sich jeden Tag scheckig darüber, dass die vermeintlich Schlauen das immer noch nicht gemerkt haben … Wer weiß das schon? Überhaupt stellt sich die Frage, zu welchem Lager Sie und ich dann gehören. Ist das nicht alles auch relativ? Gut, da gibt es diese Sache mit dem IQ. Wer hinter diesem Kürzel keine seltene Rinderrasse vermutet, verfügt sicherlich schon mal über ein Mindestmaß an selbigem – oder ist zumindest in Sachen Bildung nicht gänzlich jungfräulich. Aber seien wir doch mal ehrlich: Lustiger ist es meistens mit den Anderen, eben denen mit den sprichwörtlich dickeren Kartoffeln. Und von denen trifft man auch in der Tierarztpraxis jede Menge.

Ich denke da zum Beispiel an eine Frau Mitte fünfzig, die eines Tages mit zwei gefundenen Katzenkindern bei uns auftauchte. Die Dame war ganz hingerissen von ihren Findlingen und nicht abgeneigt, sie zu behalten. Hilfsbereit und geschäftstüchtig, wie ich nun mal bin, schenkte ich ihr mit den Worten »Damit sie groß und stark werden!« einen Beutel Welpenfutter.

»Ach so, werden die noch größer?!«, fragte sie mich überrascht, geradezu schockiert.

»Ja, ja«, antwortete ich, »die sind ja noch ganz klein.«

»Woran sehen Sie das denn?«, fragte die angehende Katzenmama fasziniert.

»An der Größe«, antwortete ich wenig einfallsreich und musste live mit ansehen, wie ihre Bewunderung für mein Fachwissen schon wieder schwand. Ein besserer Grund fiel mir so spontan einfach nicht ein. Was war das denn überhaupt für eine Frage? Das sieht man halt! Ich war irritiert. Eben noch hatte ich mich so schlau gefühlt. Und jetzt das.

»Was trinken die denn?«, fragte die Katzenmama unterdessen weiter. »Kann ich denen Milch geben?«

»Am besten Wasser«, sagte ich. »Oder Sie kaufen Katzenmilch. Von Kuhmilch können Katzen Durchfall bekommen.«

»Kein Problem«, antwortete sie und strahlte übers ganze Gesicht. »Wir haben zu Hause sowieso immer nur H-Milch!«

Ungläubig starrte ich sie an und schluckte in letzter Sekunde das höfliche Lachen herunter, das sich seinen Weg an die Oberfläche bahnte. Das war kein Witz gewesen – sie meinte es ernst! Wir haben nur H-Milch! Keine Q-Milch. Na, dann ist ja alles gut. Keine Durchfallgefahr für die Katzenkinder. Bloß ein kleines Restrisiko völliger Verblödung. Woher kommt denn wohl die H-Milch? Vom »H« wie Hasen, oder was?

Klar. Wer Ostern bunte Eier legt, der gibt bestimmt auch Milch. Dass ich darauf noch nicht selbst gekommen bin! Ich kauf immer Q-Milch. »Q« wie Qualle, schätze ich. Was es nicht alles gibt!

Vom Regen in die Traufe

oder: Ein Tag im Leben eines Pechvogels

Intelligenz ist also relativ und ganz sicher nicht das Einzige, was zählt. Ein bisschen Glück kann man immer gut gebrauchen, was ich schon wenige Tage später hautnah erleben durfte. Wissen Sie, warum jemand, der vom Unheil verfolgt wird, »Pechvogel« genannt wird? Warum gerade »Vogel« – und nicht »Maus« oder »Kuh«? Ich selber weiß es auch nicht, bin mir allerdings seit der Geschichte mit den Zebrafinken ziemlich sicher, ein paar echte Pechvögel kennengelernt zu haben. Wann immer ich meine, einen wirklich schlechten Tag zu haben, denke ich an das arme Federvieh – und schon sieht meine Welt wieder vergleichsweise rosig aus.

Der schicksalhafte Tag im Leben der kleinen, hübschen Pechvögel begann für alle Beteiligten zunächst völlig unauffällig. Bis der Züchter, ein fast genauso kleiner, aber nicht annähernd so hübscher Mann namens Probst, bei den Vögeln Federlinge entdeckte. Das sind winzige Parasiten, die sich von Hautschuppen und Federteilen ernähren und fiesen Juckreiz verursachen. Herr Probst sagte den Parasiten den Kampf an – und setzte so eine beispiellose Kettenreaktion in Gang, die uns einen ganzen Tag lang auf Trab halten sollte.

Als Züchter besaß Herr Probst mehrere Volieren mit zahlreichen Zuchtpärchen. Allerdings steckte seine Zucht noch in den Kinderschuhen, das heißt: Er hatte viel investiert, die Gewinne ließen bislang aber noch auf sich warten. Als er nun die

Federlinge in seinem Bestand entdeckte, suchte er also vor allem nach einer möglichst günstigen Behandlungsmethode. Die fand er in einem – offenbar weniger seriösen – Vogelmagazin. Dort nämlich hatte jemand ein uns wohlbekanntes Gerücht aufgewärmt, das sich trotz vielfältiger Bemühungen einfach nicht ausrotten lässt. Der Tipp: Bei Parasitenbefall umwickle man alle Stangen und Sitzmöglichkeiten mit doppelseitigem Klebeband. Der Erfolg ist garantiert! Die ungebetenen Mitbewohner bleiben einfach auf den Klebestreifen hängen und können anschließend bequem samt Klebeband entsorgt werden. Genial, oder? Und vor allem billig! Der Haken: Es funktioniert nicht! Auf diese Weise jeden einzelnen Parasiten aus den Untiefen des Federkleids loszuwerden, ist einfach illusorisch. Das allerdings war noch das geringste Problem der kleinen Vögelchen.

Nachdem der Züchter die clevere Behandlungsmethode in seinem Fachmagazin entdeckt hatte, schritt er entschlossen zur Tat. Schnell war eine Rolle doppelseitiges Klebeband zur Hand. Extra klebestark. Extra stark gleich extra gut, dachte sich Herr Probst. Und klebte los. Nach getaner Arbeit ging er ins Haus und gönnte sich ein ausgiebiges Frühstück. Verdient ist verdient. Gut gelaunt schlenderte er schließlich wieder raus zu seinen kleinen Freunden – und traute seinen Augen nicht. In den Volieren herrschte der Ausnahmezustand. Die bunten Tiere hatten sich überall auf den präparierten Stangen niedergelassen. Und klebten gnadenlos fest. Verzweifeltes Gezwitscher in allen Käfigen. Nichts ging mehr. Die winzigen, rund dreißig Gramm leichten Vögelchen waren dem extrastarken Klebeband einfach nicht gewachsen. Wer hätte das gedacht!

Herr Probst war mindestens genauso aufgeregt wie seine Vögel, als er schließlich in der Praxis anrief und versuchte, die Situation zu schildern. Ich verstand erst mal nur Bahnhof.

Panisch wie er war, warf mir der Züchter lediglich bruchstückhafte Informationen und unzusammenhängende Wörter zum Fraß vor. Ich fühlte mich wie in einer Quizshow: Bestimmt musste ich die Lösung erst erraten. Vielleicht gab es was Tolles zu gewinnen! »Federn« verstand ich, »Zebra« und »Klebeband«. Sonst nichts.

»Also, was genau ist denn passiert?«, hakte ich nach. Herr Probst wirkte leicht gereizt und verlor überraschend schnell die Lust an unserem Ratespiel.

»Stange!«, brüllte er in den Hörer, und: »Vögeln!«

Huch!, dachte ich, das wird mir jetzt aber doch zu schlüpfrig. Ob es wohl an der Zeit war, den perversen Anrufer mit der Trillerpfeife abzuwehren? Ich entschied mich dagegen – vor allem deshalb, weil in Telefonumgebung einfach keine Trillerpfeife zu ergattern war. Endlich hatte sich Herr Probst etwas gefasst und berichtete in ganzen Sätzen von den Dramen, die sich gerade in seinen Volieren abspielten.

Vor meinem geistigen Auge tauchten lebhafte Szenen auf, die sich nur mühsam unterdrücken ließen. Ich denke da ja manchmal sehr bildlich. »Kopfkino« nennt man das wohl – auf jeden Fall fiel es mir zunehmend schwer, nicht laut loszulachen. In meiner Fantasie war ich live am Ort des Geschehens und sah riesige Volieren voller bunter Vögelchen, aus denen ohrenbetäubendes Gekreische drang. Überall klebten hilflose Tiere, die sich mit ganzer Kraft zu befreien versuchten. Einige umklammerten mit den Flügeln ihre bewegungsunfähigen Beine und zogen daran, bis ihnen die Augen aus dem Kopf traten. Anderen war die Flucht gelungen – allerdings hatten sie mächtig Federn gelassen und sahen mit ihren nackten Bäuchen aus wie winzige Suppenhühner. Ein besonders schüchternes Exemplar war gerade dabei, seine Blöße mit einem Wetzstein zu bedecken, ein anderes packte empört seine Koffer, um sein Heil in anderen, weit entfernten Gefilden zu suchen, als mir bewusst wurde, dass ich in albernes Gekicher ausgebrochen war.

»Finden Sie das etwa lustig?«, polterte Herr Probst.

»Nein, natürlich nicht!«, japste ich, mühsam um Fassung bemüht.

Er hatte ja recht. Eigentlich war das nicht witzig – aber die Vorstellung von diesen kleinen, gerupften Zier-Bonsai-Suppenhühnchen … Energisch schob ich das Bild beiseite und konzentrierte mich wieder auf meine Aufgabe. Aber was war denn eigentlich meine Aufgabe bei der ganzen Sache?

»Was soll ich denn jetzt machen?«, fragte der Züchter. »Soll ich die etwa alle einzeln ablösen?«

Was sonst? Willst du sie für immer festkleben lassen?

»Da wird Ihnen wohl nichts anderes übrig bleiben«, bestätigte ich und riet ihm, es mit Spüliwasser zu probieren. Vielleicht könne man den Kleber damit vorher etwas lösen. Mehr fiel mir nicht ein. Herr Probst war nicht gerade glücklich mit meiner Unterstützung, sah aber wohl ein, dass von mir keine weitere Hilfe zu erwarten war. Also legte er auf und machte sich an die Arbeit. Auch ich hatte noch viel zu tun und zu meinem Bedauern nur wenig Zeit für weitere Vogelfantasien.

Ein paar Stunden später hatte ich Herrn Probst und seine Heimwerkeraktion schon fast vergessen, als der Züchter erneut anrief. Im Schweiße seines Angesichts hatte er mittlerweile alle Vögel befreit. Die kleinen Finken hatten die Sache mehr oder weniger unbeschadet überstanden – die Federlinge, die das Ganze erst ausgelöst hatten, allerdings auch. Noch immer gezeichnet von den unerwarteten Folgen seines Selbstversuchs, wollte Herr Probst diesmal alles richtig machen. Koste es, was es wolle: Er wollte kommen und sich ein Mittel gegen die Parasiten abholen. Ich beriet mich mit unseren Tierärzten und bereitete ein sogenanntes Spot-on-Präparat vor, das jedem Vogel einzeln auf die Haut getropft werden sollte. Akribisch rechnete ich die passende Dosis aus, die für die kleinen Fliegengewichte natürlich verschwindend gering ausfiel. Schließlich füllte ich eine kleine Menge der Lösung ab und beschriftete sie mit einer genauen Dosierungsanleitung. Schon wenige Minuten später kam der Besitzer, um das Medikament abzuholen. Es sollte nicht lange dauern, bis ich ihn wieder am Telefon hatte – in ähnlich desolater Verfassung wie zuvor.

Diesmal war auch mir nicht nach Lachen zumute, als Herr Probst völlig aufgelöst von den neuesten Entwicklungen berichtete. Direkt nach seiner Rückkehr hatte er mit der Behandlung seiner Vögel begonnen und bereits gut 40 Tiere versorgt, als die ersten plötzlich heftige Vergiftungserscheinungen zeigten. Wie benommen taumelten sie durch die Voliere, um schließlich wie die Fliegen umzufallen. Ich war schockiert.

»Sind sie tot?«

»Nein, nur wie besoffen!«, antwortete der Züchter.

Für einen Moment tauchte die Vision von den Suppenhühnern wieder auf, die jetzt, halbnackt und sturzbetrunken, grölend um die Häuser zogen. Da holte mich aber auch schon die tragische Wirklichkeit ein, und ich hatte ich mich wieder unter Kontrolle.

»Abwaschen!«, befahl ich. »Waschen Sie alle behandelten Vögel sofort ab. Dann nehmen sie wenigstens nicht noch mehr von dem Wirkstoff auf!«

Herr Probst verabschiedete sich sofort, um seine geschundenen Finken zu duschen und so das Schlimmste zu verhindern. Ich war besorgt – und kämpfte selbst mit einem Anflug von Panik. Hatte ich mich etwa bei der Dosierung verrechnet? Oder warum sonst reagierten die Vögel so heftig auf die Behandlung? Und was war, wenn die jetzt alle starben? Daran mochte ich gar nicht denken. Sofort überprüfte ich meine Dosierungsanleitung und konnte keinen Fehler finden. Das Ganze war mir ein Rätsel. Zum ersten Mal seit jenem denkwürdigen Tag im BiZ sehnte ich mich ernsthaft nach der ruhigen Sicherheit des Fleischerhandwerks. Da war wenigstens schon alles tot – auch ohne mein Zutun! Vielleicht hatte ich doch den falschen Job gewählt?!

Ich wartete eine halbe Ewigkeit auf Nachricht von Herrn Probst und wurde immer nervöser. Schließlich hielt ich es nicht mehr aus und rief ihn an. Schon nach dem zweiten Klingeln nahm er den Hörer ab. Hoffentlich war das ein gutes Zeichen!

»Wie sieht's aus?«, fragte ich aufgeregt. »Haben Sie alle abgewaschen? Leben sie noch?«

»Ja«, bestätigte er, »ich bin gerade fertig. Den Vögeln geht es schon wieder besser, aber sie sind noch ziemlich schlapp und rühren sich kaum.«

»Gut«, seufzte ich erleichtert, »dann passen Sie nur auf, dass sie nicht auskühlen.« Schließlich waren die armen, halbnackten Vögel jetzt zusätzlich klitschnass.

»Kein Problem!«, beruhigte mich der Besitzer und brachte mir mit seiner nächsten Bemerkung verblüffend schnell meine gute Laune zurück. »Ich habe sie zum Trocknen auf die Heizung gelegt!«

In nur einer Sekunde entlud sich die gesamte Anspannung der letzten Stunde. Ungehemmt prustete ich los – und hörte überrascht, wie auch Herr Probst in schallendes Gelächter ausbrach.

»Die liegen auf der Heizung?«, quiekte ich ungläubig.

»Ja klar!«, japste es mir vom anderen Ende der Leitung entgegen. »Ich konnte sie ja schlecht in der Mikrowelle aufwärmen!«

Für einen Moment gab ich mich dem herrlichen Bild hin, das sich mir aufdrängte: bunte, halb gerupfte, schlimm verkaterte Vögelchen, die überall auf den Heizkörpern ihren Rausch ausschliefen – was könnte niedlicher sein? Blieb nur zu hoffen, dass sie sich nicht das Gefieder verbrannten oder sonst irgendwie in die nächste Katastrophe schlidderten – bei ihrem Pech. Nur eines brannte mir noch auf der Seele.

»Ich verstehe gar nicht, wie das passieren konnte!«, sagte ich kleinlaut. »Haben Sie denn alles genau so gemacht, wie ich es Ihnen aufgeschrieben habe?«

»Na ja«, gestand Herr Probst zögernd, »vielleicht habe ich ein bisschen mehr von der Lösung verwendet. Viel hilft viel, sagt man doch.«

Fassungslos rang ich nach Atem und verkniff mir jeden Kommentar. Eines war schließlich klar: Herr Probst hatte seine Lektion gelernt und seine gerechte Strafe bekommen. Eine ziemlich heftige Strafe sogar – aber viel hilft ja angeblich viel.

Populäre Irrtümer
oder: Die Zeckenplage

Sommerzeit ist Zeckenzeit. Auch wenn es, ähnlich wie bei der Behandlung von Federlingen bei Vögeln, heute eine Menge ziemlich effektiver Mittelchen gibt, kann man Hund und Katze doch nicht hundertprozentig vor den bissigen Biestern schützen. Deshalb kennen sich die meisten Besitzer auch ganz gut mit den Plagegeistern aus und entfernen sie in der Regel selbst. Ab und zu jedoch klappt das nicht. Manchmal hat man bei einem zappeligen Tier einfach eine Hand zu wenig, die Zecke sitzt an einer schwer zugänglichen Stelle oder beim Rausdrehen bleibt das Beißwerkzeug stecken. Dann kommt doch noch der Tierarzt ins Spiel. Und der stößt dabei immer mal wieder auf Situationen, die fast schon ein Fall für den Tierschutz wären ...

Die Vorgeschichte ist stets dieselbe: Der Hund oder die Katze hat eine gaaanz kleine Zecke unterm Bauch, die sich einfach nicht entfernen lässt. Stundenlang haben es die Besitzer probiert, bis zum Schluss sogar etwas Blut geflossen ist – die Zecke aber sitzt immer noch bombenfest. Also muss der Tierarzt ran, der das befallene Tier routiniert auf den Rücken dreht und sich immer wieder mit demselben Bild konfrontiert sieht: einer stark geröteten, arg strapazierten Brustwarze. Aber keine Zecke weit und breit.

»Ist das unter Umständen die Zecke, die Sie meinen?«, lautet dann die vorsichtige Frage.

»Ja, genau, fast eine Stunde drehe ich schon dadran rum!«, die genervte Antwort.

Nun ja. Noch eine Stunde, und sie wäre wohl draußen gewesen.

»Das ist eine Brustwarze, die können Sie nicht rausdrehen!«

Ich habe keine Ahnung, wie oft ich diesen Satz in zwölf Jahren Praxis sagen musste. Oft genug jedenfalls, um ernsthaft über ein Schild mit eben dieser Aufschrift nachzudenken, das ich bei Bedarf dann immer wortlos aus der Schublade ziehen würde. Erleichtert die Arbeit ungemein – was meinen Sie, was man da an Atemluft spart!

Fast genauso häufig habe ich als Antwort den folgenden Protest gehört: »Aber das ist doch ein Rüde!«

Na und? Auch Rüden haben Brustwarzen. Haben Männer etwa keine? Warum also weiß eigentlich niemand, dass das bei männlichen Tieren genauso ist? Zumindest waren die Besitzer immer angemessen zerknirscht nach einer solchen Aktion. Dabei hatten sie es doch wirklich nur gut gemeint!

Und, was lernen wir daraus? Nach »fest« kommt »ab« – und das ist besonders im Hinblick auf fest installierte Körperteile eher kontraproduktiv. Wann immer sich so ein Blutsauger also mal wieder partout nicht entfernen lässt, lohnt es sich, etwas genauer hinzusehen. Auch bei Rüden!

Nomen est omen

oder: Die Presswurst

Nach »fest« kommt also »ab« – und nach satt kommt dick. Allerdings ist die Sache mit dem Körpergewicht traditionell ein heikles Thema. Das gilt nicht nur für uns Menschen, sondern auch – beziehungsweise ganz besonders – für unsere Haustiere. Da ist es nicht verwunderlich, dass man auch in der Tierarztpraxis erstaunlich oft auf Patienten mit erstaunlich schweren Knochen stößt. Etwas verwunderlicher ist es dagegen schon, dass die betroffenen Tiere eines gemeinsam haben: Sie kriegen alle »so gut wie nichts« zu fressen! Eigentlich müssten sie allesamt völlig abgemagert in ihren Körbchen liegen und apathisch an ihren Pfötchen lutschen, um wenigstens in den Genuss der dürftigen Nährstoffe zu kommen, die sich beim letzten Spaziergang zwischen ihren Ballen verfangen haben. Doch weit gefehlt! Wohlgenährt grinsen einen diese Meister der Futterverwertung von ihrem Platz neben Frauchens Füßen aus an und würden sich natürlich eher die Zunge abbeißen, als zuzugeben, dass sie wohl nicht ganz so knapp gehalten werden, wie ihre Besitzer gerade mit Nachdruck versichert haben.

So wie im Fall der übergewichtigen Dackeldame, die offensichtlich *so was von überhaupt nichts* zu fressen bekam, dass sie mir direkt leidtat.

Schon bei ihrem ersten Besuch in der Praxis zeichnete sich ab, dass wir ab sofort um ein Highlight reicher waren. Der Grund: Die Besitzer hießen Press, und der Hund sah aus wie 'ne Wurst. So sehr ich mich auch bemühte, so einer Steilvorlage konnte ich beim besten Willen nicht widerstehen. Die Dackeldame, die im wirklichen Leben Emma hieß, hatte ihren Spitznamen weg. Die Presswurst war mit ihren Besitzern gerade erst in die Gegend gezogen und sollte entwurmt werden.

»Was wiegt sie denn?«, fragte ich Frau Press, um die richtige Dosierung ausrechnen zu können. Frau Press wusste es nicht und dachte wohl, damit wäre das unangenehme Thema vom Tisch. Doch so einfach kam sie nicht davon. Ich zeigte ihr unsere große Waage und bat sie, den Hund zu wiegen, während ich die Wurmtabletten aus dem Behandlungsraum holte. Verstohlen stellte sie sicher, dass alle anderen Anwesenden mit sich selbst beschäftigt waren und die Anzahl der Zeugen sich somit im Rahmen hielt. Dann wurde der Hund so schnell auf die Waage und wieder heruntergehievt, dass man meinte, er hätte um ein Haar die Schallmauer durchbrochen.

Als ich mit der Wurmkur um die Ecke bog, hatte Frau Press

gerade das Plakat entdeckt, das über der Waage hing. Neben Angaben zum Optimalgewicht der häufigsten Hunde- und Katzenrassen zeigte es eine Anleitung, wie man den individuellen Ernährungszustand seines Haustiers ermitteln kann. Da hieß es zum Beispiel, man müsse »bei leichtem Druck die Rippen fühlen können«. Wahrscheinlich hatten auch die Urheber des Plakates bereits die Erfahrung gemacht, wie unterschiedlich sich die Formulierung »leichter Druck« interpretieren lässt. Wenn es um die Leugnung unangenehmer Wahrheiten geht, sind die Menschen schließlich einfallsreich. Und wenn man nur fest genug drückt und dabei behauptet, wirklich nur ganz leicht zuzufassen, lassen sich die Rippen glücklicherweise durch nahezu jede Speckschwarte fühlen.

Um es den Besitzern übergewichtiger Tiere nicht zu leicht zu machen, verfügte das Plakat also über eine weitere Schikane: Mit irgendeiner cleveren 3D-Technik war ein Hundebild mit Rippen bedruckt worden, die man tatsächlich bei leichtem Darüberstreichen spüren konnte. So muss sich das anfühlen, sagte die Bildunterschrift. Dumm war nur, dass unser Plakat im Laufe der Jahre so oft angetatscht wurde, dass es ständig schäbig aussah und ersetzt werden musste. Irgendwann war schließlich jemand auf die grandiose Idee gekommen, das Plakat mit einem dekorativen und vor allem schützenden Rahmen zu versehen. Die 3D-Rippen waren von nun an hinter einer Glasscheibe verschwunden und auch mit viel gutem Willen nicht mehr zu fühlen. Was bei den Besitzern besagter Kostverächter gut ankam. So auch bei Frau Press. Andächtig strich sie über die nicht spürbaren Rippen, und ich konnte sie förmlich denken sehen: Fühlt sich genauso an wie bei meinem Hund. Und da sagen die Leute immer, der wär zu dick!

»Und, was wiegt sie?«, riss ich sie unsanft aus ihren Gedanken.

»Zwölf Kilo«, antwortete sie mit gesenkter Stimme und schickte die übliche Rechtfertigung gleich hinterher: »Dabei bekommt sie wirklich fast gar nichts zu fressen!«

Na klar. Und schwere Knochen hat sie auch, dachte ich sarkastisch.

Da Frau Press offensichtlich selbst wusste, dass ihr Hund – und wenn er noch so wenig fraß – hochgradig übergewichtig war, verkniff ich mir jeden weiteren Kommentar. Ich verpackte die Wurmkur, notierte die Dosierung auf dem Tütchen und kassierte. Frauchen bedankte sich artig und verließ zufrieden mit ihrem Hund die Praxis. Nach einem letzten belustigten Blick auf die Presswurst wandte ich mich dem nächsten Kunden zu.

Bis zu meinem zweiten Zusammentreffen mit Dackeldame Emma und ihrer Familie verging eine ganze Weile. Eines Morgens war es dann so weit: Da die Presswurst offenbar nach jeder Läufigkeit scheinträchtig wurde, hatten sich die Besitzer zu einer Kastration entschlossen. Frühmorgens brachten sie ihren Hund zur OP. Nüchtern natürlich, wegen der Narkose.

»War aber kein Problem«, beteuerte Frau Press ungefragt. Schließlich sei Emma ja sowieso kein großer Esser. Der Blick von Tierärztin Isabell, die für die Kastration eingeteilt war, sprach Bände. Tapfer verkniff sie sich jedoch jede Bemerkung, legte die Hündin routiniert in Narkose und entließ die Besitzer, die Emma abends wieder abholen sollten.

Die Operation verlief trotz des beachtlichen Übergewichts der Patientin ohne Zwischenfälle. Natalie, die im OP assistiert hatte, übernahm die weitere Betreuung. Unter theatralischem Ächzen und Stöhnen wuchtete sie die schlummernde Presswurst in die Box, in der sie sich ausschlafen sollte. Fürsorglich wickelte sie den Hund in eine kuschelige Felldecke und schaltete die Wärmelampe ein. Und brach völlig unverhofft in ein albernes Gekicher aus.

»Guck mal!«, japste sie und deutete auf den dicken braunen Hund in seiner sandfarbenen Decke. »Ein Hotdog!«

Tatsächlich war die Ähnlichkeit mit einer Wurst zwischen zwei Brötchenhälften nicht abzustreiten. Natalie war ganz in ihrem Element. Übermütig legte sie noch ein rotes Handtuch über die friedlich schnarchende Presswurst und kriegte sich gar nicht wieder ein: »Hotdog ohne Ketchup geht schließlich gar nicht, oder?«

Wir lachten, bis uns die Tränen kamen. Die Presswurst, die langsam wach wurde, hatte für den ganzen Trubel nur ein müdes Schwanzwedeln übrig und fühlte sich in ihrem Ketchupbrötchen sichtlich wohl. Uns hingegen gelang es nur mit großer Mühe, uns endlich wieder unseren Aufgaben zu widmen und mit dem nötigen Ernst das volle Wartezimmer abzuarbeiten. Bis ein neuer Patient besagten Ernst auf eine harte Probe stellte. Ein Kaninchen, das seit einiger Zeit nicht richtig fraß, sollte ein paar Tage in unserer Krankenstation betreut werden. Das kleine Tier hatte leuchtend gelbes Fell und einen sehr treffenden Namen: Curry. Klar, dass Curry unter dem Gelächter der Kolleginnen die Box neben dem Hotdog bekam.

»Und so findet zusammen, was zusammengehört!«, sinnierte Isabell ergriffen.

Der Tag neigte sich dem Ende entgegen, und die am Morgen operierten Tiere wurden nach und nach abgeholt. Nur die Dackeldame, die mittlerweile wieder vollkommen fit war, lag noch immer in ihrer Box. Das Wartezimmer hatte sich längst geleert, und Natalie war dabei, die Tiere, die noch bleiben mussten, für die Nacht vorzubereiten.

»Sag mal, was ist eigentlich mit der Presswurst«, schallte

plötzlich ihre Stimme durch den Flur, »wird die abgeholt, oder soll ich euch gleich noch das Würstchen im Schlafrock machen?«

Bei den letzten Worten war Natalie schwungvoll um die Ecke zur Anmeldung gebogen – und prallte fast mit Frau Press zusammen, die gekommen war, um ihren Hund abzuholen. Fassungslos starrte Natalie die Besitzerin an, gluckste dann hysterisch und ergriff schließlich ohne ein weiteres Wort die Flucht. Nicht weniger fassungslos sah die Kundin mich an. Hilflos spürte ich, wie mir die Schamesröte ins Gesicht stieg. Was auch immer Frau Press gehört hatte – dass da irgendwas nicht stimmte, verriet ihr leider schon unser nur wenig professionelles Verhalten.

»Ich hole dann mal Ihren Hund«, stammelte ich und verschwand in Richtung Krankenstation, aus der gedämpftes Gelächter drang. Neben der Presswurst im Ketchupbrötchen und dem Curry-Kaninchen hatte sich die halbe Belegschaft in dem kleinen Raum versammelt und redete und lachte aufgeregt durcheinander. Mir selbst war das Ganze viel zu peinlich, um noch lachen zu können. Geschieht uns recht, dachte ich zerknirscht und hob den dicken Hund aus seiner Box. Als ich ihm im Gehen seine Leine anlegte, verloren die hinter meinem Rücken versammelten Kolleginnen auch den letzten Rest Selbstbeherrschung: Das Muster der breiten Lederleine bestand aus unzähligen kleinen Bockwürstchen.

Aus die Maus

oder: Ordnung ist das halbe Leben

Der nächste Tag verlief weniger ausgelassen. Dennoch versuchte ich mich wie so oft an der klugen Aufforderung, jedem Tag die Chance zu geben, der schönste meines Lebens zu werden. Was soll ich sagen – dieser hier hatte die einmalige Chance mit Füßen getreten und ungenutzt verstreichen lassen. Auch der abendliche Besucher, der mich kurz nach Feierabend noch mit seiner geschätzten Anwesenheit beehrte, trug zunächst nicht gerade zu einer Verbesserung meines Gemütszustandes bei.

Kennen Sie Monk, den durchgeknallten Ex-Polizisten aus der Fernsehserie? Den, der mit der Nagelschere Teppichfransen zurechtschneidet, damit sie alle exakt die gleiche Länge haben? Tja, falls er es nicht selbst war, so handelte es sich zumindest um einen Seelenverwandten von Monk, der da in Form eines peniblen, in der Praxis wohlbekannten Buchhalters vor den Anmeldetresen trat. Dieser eigenwillige Herr nahm standesgemäß jeden Beleg, den er nur kriegen konnte, für seine Ablage mit. Falls Sie ihm den Tag verderben wollten, reichte es, wenn Sie seinen EC-Beleg schief an seine Rechnungskopie tackerten. Mehr nicht. Kaum zu glauben, was so ein vergleichsweise kleines Vergehen für eine durchschlagende Wirkung haben kann!

Besagter Kunde sprach wenig, lachte nie und zeigte auch sonst nur wenig Temperament. Aber wehe, man ging schlampig mit seinen Belegen um! Da wurde er plötzlich richtig leidenschaftlich.

»Wie sieht denn das aus?«, beschwerte er sich empört. »Wie soll ich das denn abheften? Da guckt der Bon ja an der Seite aus dem Ordner heraus!«

Welch schreckliche Vorstellung! Ich weiß gar nicht, wie mir so etwas passieren konnte! Ich war untröstlich und brachte mein Bedauern deutlich zum Ausdruck. Der Buchhalter jedoch war kaum zu besänftigen. Ich wette, er hat den Beleg zu Hause abgeknibbelt und mit der Wasserwaage korrekt angebracht. Wer hätte das nicht getan? Ordnung muss schließlich sein! Von da an hieß er bei mir nur noch »der Mäuse-Monk«, denn der ordnungsliebende Hüne kam mit seinen Mäusen in unsere Praxis.

Nachdem wohl jeder von uns schon einmal versehentlich seine Unterlagen schief zusammengetackert und den empörten Vortrag über sich ergehen lassen hatte, machten wir uns einen Spaß aus der Sache. Das war aber auch wirklich lustig! Der Buchhalter funktionierte wie eine Maschine – nur zuverlässiger. Zwei schiefe Blätter Papier und ein Tacker: Mit diesen einfachen Mitteln lockte man ihn regelmäßig aus der Reserve. Genau in dem Moment, in dem man die Hand hob, um sie schwungvoll auf den Tacker zu donnern, brach er in lautstarkes Protestgeschrei aus, obwohl wir schon lange nicht mehr wagten, seine Belege wirklich schief zusammenzuheften. Seine Reaktion war wie ein Reflex, den er nicht steuern konnte. Wie ein übermotivierter Hund, der immer wieder losläuft, um das Stöckchen zu holen, das man noch gar nicht geworfen hat. Bestimmt kennen Sie auch so einen Hund, bei dem das Spiel stundenlang funktioniert.

Wenn ich etwas Zeit hatte und keine Warteschlange vor

der Anmeldung stand, gönnte ich mir ein paar Augenblicke für unser Spiel, bevor ich ihn gehen ließ. Ich hob die Hand über dem Tacker, bis der Mann hörbar nach Luft schnappte. Dann senkte ich den Arm und gab vor, die Belege zu ordnen. Der Kunde entspannte sich wieder. Genau in diesem Moment griff ich erneut nach dem Tacker – um unter den Argusaugen des Buchhalters doch lieber erst noch seine Rechnungskopie zu unterschreiben. Von mir aus hätte das ewig so weitergehen können. Aber irgendwann holte mich dann doch immer der Ernst des Lebens ein. Schweren Herzens heftete ich seine Belege ordentlich zusammen und machte mich wieder an die Arbeit.

An diesem Abend jedoch erwischte mich der Mäuse-Monk in einem schwachen Moment. Den ganzen Tag lang hatte ich mich schon mit unzufriedenen Kunden, drängelnden Vertretern und kläffenden Hunden herumgeschlagen. Gegen Abend, als meine Laune auf einem historischen Tiefpunkt angekommen war, kotzte mir dann noch eine narkotisierte Katze auf die frisch gewaschene Hose. Als ich gerade dabei war, den gröbsten Schmutz zu entfernen, ging die Tür auf.

Ich will niemanden sehen!, schrie meine innere Stimme. Ich hab schlechte Laune, stinke nach Kotze und krieg gerade Migräne – also haut ab, solange ihr noch könnt!

Tapfer lächelnd trat ich hinter die Anmeldung und ignorierte das Geschrei in meinem Inneren. Mein Freund der Buchhalter war gekommen. Mit einer seiner Mäuse. Die hatte seit zwei Wochen ein Klitschauge. Ich erwähnte vorsichtig, dass wir eigentlich Feierabend hatten, und erntete einen ordentlichen Anranzer. Das war schließlich ein Notfall! Genau. Seit zwei Wochen schon. Ein Dauernotfall sozusagen. Ich hatte mir längst abgewöhnt, mit Patienten die Definition eines »Notfalls« auszudiskutieren, und hielt diplomatisch meinen Mund. In mir aber kochte es. Und es sollte noch schlimmer werden: Der Herr hatte nämlich keine Zeit. Also warum dauerte das so lange? Jetzt war er schon mindestens drei Minuten da, und es hatte ihn immer noch niemand aufgerufen. Saftladen!

Endlich war er an der Reihe und verschwand im Behandlungsraum. Als er anschließend zum Bezahlen zu mir kam, war ich noch immer genervt. Er zahlte wie gewohnt mit der EC-Karte und wollte seine Belege mitnehmen. In dem Moment setzte etwas bei mir aus. Wie ferngesteuert griff ich nach Rechnungskopie und Tacker und heftete den EC-Bon schwungvoll auf den Briefbogen. Quer. Mittendrauf. Wie das aussah! Der Mäuse-Monk japste fassungslos und kollabierte beinah, während ich mir ein albernes Kichern verkniff. Mit einem bösen Grinsen reichte ich ihm seine grausam entstellten Belege und weidete mich an seinem schockierten Gesichtsausdruck.

Das kommt davon!, schrie mein Alter Ego. Ich hatte dich gewarnt!

Der Buchhalter griff mit spitzen Fingern nach seinen Unterlagen und sparte sich wohlweislich jeden Kommentar. Endlich verabschiedete er sich und verließ ohne jeden Dank die Praxis. Ich grinste immer noch. Das hatte gutgetan! Kindisch war's, unreif und ziemlich bescheuert – aber so befreiend!

Übrigens liebte der Mäuse-Monk nicht nur die Ordnung, sondern auch seine Haustiere abgöttisch. Und da so eine Maus ja bekanntlich nicht besonders lange lebt, war im Hause Monk ständig Trauer angesagt. Die verstorbenen Tiere sammelte er in kleinen Schachteln in seinem Eisfach, bis genügend Leichen für eine Sammelbestattung zusammengekommen waren. Regelmäßig stellte ich mir vor, wie er die kleinen Körper völlig knitterfrei mit dem Geodreieck mittig in ihren ebenso makellosen

Pappsärgen positionierte, und schämte mich augenblicklich für meinen makabren Humor. Ich bin wirklich nicht herzlos. Der Gedanke an die faltenfreien Mäuseleichen in ihren Schachteln, fein säuberlich aufgereiht neben alphabetisch geordneten Tiefkühlwaren, bringt mich jedoch noch heute unwillkürlich zum Grinsen.

Neulich im Wartezimmer

oder: Kindermund tut Wahrheit kund

Nach dem Mäuse-Monk-Eklat war zum Glück Wochenende. Ein bisschen Entspannung hatte mein seelisches Gleichgewicht wiederhergestellt, und ich startete frohen Mutes in die neue Woche. Der Montagmorgen gestaltete sich zunächst verhältnismäßig ruhig, doch am Nachmittag war unser Wartezimmer schon wieder zum Bersten voll. Unter den Wartenden befand sich auch Frau Vollmer mit ihrem ganzen Stolz: Katze Nikki samt Nachwuchs; sechs kleine Katzenwelpen, die auf ihre erste Impfung warteten. Alle Anwesenden waren begeistert und standen Schlange, um einen Blick auf die Rasselbande zu werfen. Die waren aber auch wirklich zauberhaft, die Kleinen! Die eine Hälfte pofte friedlich vor sich hin, während die anderen drei Kätzchen wacklige Gehversuche über ihre schlafenden Geschwister hinweg unternahmen.

Am anderen Ende des Raumes wartete Heinrich mit seinem Vater und dem alten Schäferhund der Familie auf eine Behandlung. Heinrich war, auch wenn der Name das nicht vermuten lässt, ein kleiner Junge von ungefähr sechs Jahren. Er wohnte auf einem Bauernhof und hatte dort jeden Tag mit den unterschiedlichsten Tieren zu tun. Die Aufregung um die Katzenwelpen ließ ihn also relativ kalt – bis Frau Vollmer ihn entdeckte und beschloss, dem Jungen etwas Gutes zu tun.

»Willst du auch mal gucken?«, rief sie zu ihm herüber.

Heinrich nickte und ging quer durchs Wartezimmer zu den Kleinen und ihren beiden stolzen Müttern.

»Sind die nicht süß?«, fragte die Besitzerin das Kind. Heinrich nickte strahlend.

»Wir hatten letztens auch Katzenwelpen. Acht Stück! Aber Papa hat die alle vor die Wand geworfen«, berichtete er fröhlich.

Die Wartenden verstummten schockiert. Frau Vollmer wirkte, als würden ihr gleich die Augen aus dem Kopf treten. Ich sah wahrscheinlich nicht viel besser aus. Alle Blicke richteten sich auf Heinrichs Papa, der erstaunlich schnell seine Gesichtsfarbe wechselte und sich angestrengt nach einem Fluchtweg umsah. Wenn da mal nicht gerade ein unangenehmes Familiengeheimnis ans Licht gekommen war! Der kleine Junge schlenderte unbekümmert zurück zu seinem Vater. Genau in diesem Moment wurde die Bauernfamilie aufgerufen. Blitzschnell packte der Mann Kind und Kegel und verschwand im Behandlungsraum. Niemals zuvor hatte ich einen so schnellen Abgang gesehen!

Das Geschäft mit dem Tod

oder: Wer nicht fragt, bleibt dumm!

Spätestens seit der Sesamstraße wissen wir, dass es hilfreich sein kann, einfach mal nachzufragen. Ab und zu sollte man jedoch auch darüber nachdenken, *wen* man *was* fragt. Sonst kann es nämlich passieren, dass man fragt und trotzdem dumm bleibt. Was ja auch irgendwie blöd ist. Warum zum Beispiel ruft Herr Wiesing, Hartz-IV-Empfänger und Hundebesitzer, in seiner Tierarztpraxis an, um mich zu fragen, was man rechtlich beachten muss, wenn man sein Vermögen seinem Hund vererben möchte? Woher soll ich das wissen? Glaubt Herr Wiesing, dass mir als Kind juristische Fallstudien zum Einschlafen vorgesungen wurden? Wendet man sich bei rechtlichen Fragen nicht an jemanden, der sich mit rechtlichen Problemen auskennt? Nennen Sie mich naiv, aber davon bin ich immer ausgegangen! Ich rate ihm also, sich an einen Anwalt oder einen Notar oder was weiß ich wen zu wenden. Worauf er entgegnet, er hätte ja eh kein Vermögen, das er vererben könnte. Das wär ja nur mal so 'ne Frage gewesen. Und da soll ich mich nicht wenigstens geringfügig veräppelt fühlen, ja?

Das war aber noch gar nichts gegen die Frau mit dem sterbenden Nymphensittich, die uns samstags im Notdienst aufsuchte. *Heim*suchte wäre wohl das bessere Wort, aber gut. Diese Frau hatte also einen Vogel. Und besagten Nymphensittich. Der lag in seinem Käfig bereits auf der Seite und sah ziemlich schlecht aus, als sie ihn aufgeregt zu uns brachte. Ich weiß gar nicht mehr, ob wir ihn erlösten oder ob er von alleine starb. Was am Endresultat letztlich nichts änderte. Auf jeden Fall war Kunigunde tot und die Besitzerin, Frau Jakob, in Tränen aufgelöst. Ich brachte Taschentücher und versuchte, sie zu trösten. Sie regte sich so auf, dass sie sich setzen musste. Ich holte ihr ein Glas Wasser und machte mir langsam Sorgen. Sie war alleine gekommen, und es war klar, dass sie in ihrem Zustand nicht selbst nach Hause fahren konnte.

»Kann ich jemanden für Sie anrufen?«, fragte ich.

»Bestimmt!«, schluchzte sie.

Häh? Dass ich prinzipiell dazu in der Lage war, unser Telefon zu bedienen, war nicht die Frage gewesen.

»Ich meine, gibt es jemanden, der Sie abholen und bei Ihnen bleiben könnte? Dann würde ich versuchen, denjenigen für Sie anzurufen«, erklärte ich wortreich.

Der Vorschlag wurde dankend angenommen. Frau Jakob gab mir die Nummer eines Freundes, dem ich die Situation kurz erläuterte. Am anderen Ende der Leitung herrschte tiefe Stille – bis ein hysterisches, sirenenartiges Schluchzen durch den Hörer drang, das mehrmals in Intervallen an- und abschwoll, bis es zur vollen Stärke gereift war. Ich wurde das ungute Gefühl nicht los, dass von diesem Freund keine Unterstützung zu erwarten war. Im Gegenteil. Wahrscheinlich hätte ich ihn fragen sollen, ob ich jemanden für ihn anrufen sollte. Einen Telefon-Joker. Den Telefonjoker für den Telefonjoker sozusagen. Aber der steht halt nicht im Drehbuch. So ist das Leben. Ich mach die Regeln auch nicht!

Endlich erstarb das ohrenbetäubende Schluchzen und wich wieder vollkommener Stille.

»Und, können Sie sich auf den Weg machen?«, fragte ich zaghaft.

»Ich fahr sofort los«, versicherte der Freund mit erstaunlich fester Stimme.

Nur zehn Minuten später traf der Trauerzug ein – und ich *meine* einen Trauerzug! Drei junge Männer waren herbeigeeilt, um Frau Jakob abzuholen. Als hätten sie nur auf so einen Anlass gewartet, waren sie allesamt von Kopf bis Fuß in schwarze Kleidung gehüllt und trugen dunkle Sonnenbrillen wie auf einer Promi-Beerdigung. Ich lugte verstohlen auf den Parkplatz und sah erleichtert, dass sie offenbar nicht mit einem Leichenwagen vorgefahren waren. Mühsam verkniff ich mir ein Grinsen und führte die seltsame Gruppe in den Raum, in dem die Frau mit ihrem Vogel wartete. Tränenreich und unter lautem Gejammer wurde sie begrüßt. Ich verteilte erneut Taschentücher und machte mich dann aus dem Staub, um der Trauergemeinde ein paar private Momente zu gönnen. Nach einer halben Ewigkeit kam die Vogelbesitzerin, wie eine kränkelnde Diva gestützt von ihren treuen Mannen, mit verheulten Augen zu mir. Fast war ich ein bisschen enttäuscht, dass sie sich noch gar nicht umgezogen hatte – mit ihren bunten Klamotten wirkte sie im Kreise ihrer Bodyguards etwas deplatziert.

»Kann ich Sie um einen Gefallen bitten?«, fragte sie. »Darf ich Kunigunde bei Ihnen lassen, bis ich alles für die Beisetzung vorbereitet habe?«

»Natürlich«, sagte ich und fragte mich gleichzeitig, was es da vorzubereiten gab. Loch in die Erde, Vogel rein, Loch wieder zu. Ratzfatz. Noch bevor ich mich für den herzlosen Gedanken angemessen schämen konnte, verabschiedete sich die Trauernde.

»Ich komme dann am Freitag und hole sie«, sagte sie, nahm wie auf ein Kommando ihre hysterischen Klagen wieder auf und ließ sich von ihren Begleitern nach draußen bugsieren. Mein

Alter Ego pfiff einen Trauermarsch und feuerte Salutschüsse in den Himmel. Glücklicherweise hörte die Trauergemeinde in ihrem Kummer nichts von alledem.

Beisetzung? Freitag? Was soll denn das für ein Staatsbegräbnis werden?, fragte ich mich. Und ahnte nicht, was Kunigunde nach ihrem Tod noch alles bewegen sollte. Für den Moment bewegte ich sie aber erst mal in die Kühltruhe – schließlich war es bis zu ihrer *Beisetzung* noch fast eine Woche hin.

Am nächsten Tag – es war Sonntag – überraschte mich Frau Jakob schon am frühen Morgen mit einem seltsamen Anruf: Sie wolle sich nur erkundigen, ob Kunigunde auch sanft ruhte. Ich dachte an den toten Vogel in der Tiefkühltruhe. Sah für mich relativ friedlich aus.

»Ja, sie ruht ganz sanft«, bestätigte ich also.

Frau Jakob war zufrieden und legte auf. Kurze Zeit später rief sie erneut an. Sie hatte sich dazu entschlossen, Kunigunde auf dem Tierfriedhof zu beerdigen, und wollte wissen, ob ich Informationen darüber hätte. Klar hatte ich. Ich faxte ihr die Flyer verschiedener Anbieter und machte mich wieder an meine Arbeit. Bis Frau Jakob abermals anrief. Sie wollte wissen, welchen Floristen ich ihr empfehlen könnte.

»Floristen?«, fragte ich verwirrt.

»Ja, für die Kränze!«, antwortete sie, hörbar genervt von meiner Begriffsstutzigkeit.

Ich nannte ihr also wunschgemäß einen Floristen – den einzigen, den ich kannte – und verkniff mir jeden weiteren Kommentar. Jeder trauert anders. Und wenn in ihrer Trauerbewältigung nun einmal ein Blumenhändler vorkam – bitte schön!

Gegen Mittag folgte der nächste Anruf. Diesmal ging es um den Steinmetz – klar, für den Grabstein. Ich kannte keinen einzigen Steinmetz und erntete Fassungslosigkeit. Jetzt aber mal wirklich: Eine Tierarzthelferin, die keinen Steinmetz empfehlen kann? Wo gibt's denn so was? Traurig, traurig! Ich versuchte zu erklären, dass ich bisher einfach noch nie mit einer solchen Frage konfrontiert worden war. Aus der Fassungslosigkeit wurde offene Ablehnung.

»Sie müssen doch wissen, wo die anderen Tierbesitzer ihre Grabsteine machen lassen!«, maulte Frau Jakob ungehalten.

Verzweifelt durchsuchte ich meinen reichen Erfahrungsschatz nach angemessenen Informationen. Doch sosehr ich mich auch bemühte – in der Rubrik »Tod« befanden sich nur sehr spärliche Hinweise: handbemalte Steine, selbstgepflückte Gänseblümchen, Schuhkartons und unsere bereits erwähnte Kühltruhe. Kränze, Grabsteine und Ähnliches waren mir in Sachen Haustier einfach noch nicht begegnet.

»Und was soll ich jetzt machen?«, fragte Frau Jakob vorwurfsvoll.

Gelbe Seiten!, schrie meine innere Stimme genervt. Da gibt's auch Psychiater!

»Schauen Sie doch mal in die Gelben Seiten«, nahm ich den Hinweis dankbar auf. Den Teil mit den Psychiatern ließ ich wohlweislich weg.

»Toll!«, beschwerte sich Frau Jakob. »Darauf wär' ich auch noch selbst gekommen!«

Hallo? Warum rufst du dann an? Hab ich 'n »i« auf'm Kopp? Ich war entrüstet. Aber wenigstens war ich die Frau jetzt los. Dachte ich. Und unterschätzte dabei Frau Jakobs Hartnäckigkeit. Kurze Zeit später rief die gute Frau nämlich schon wieder an. Jetzt ging es um den Sarg. Ich widerstand dem Drang, ihr unsere Versandkartons Größe XS anzubieten – Briefmarke drauf und ab in den Himmel –, und blätterte schnell in den Gelben Seiten. Ich bin ja lernfähig. Dieses Mal hatte ich eine Empfehlung parat. Mit einem knappen »Danke«, das eine große Portion »Das-war-ja-wohl-auch-das-Mindeste« durchblicken ließ, legte die Trauernde auf.

Nicht ärgern, nur wundern!, beruhigte ich mich selbst. Also wunderte ich mich. Was für eine übertriebene Aktion! Und was ich wieder alles wissen sollte! Ob sie mich wohl auch in der Fleischerei angerufen und nach den Preisen für eine professionelle Grabpflege gefragt hätte? Angestrengt überlegte ich, was noch alles auf mich zukommen könnte, denn ich wollte auf jeden Fall gewappnet sein. Was war mit dem Beerdigungskaffee? Cafés kannte ich, kein Problem. Der Leichenschmaus? Selbstverständlich nur vom besten Caterer der Stadt! Eine Druckerei für die Einladungskarten? Meine leichteste Übung. Ein Priester? Traueranzeigen in den Zeitungen? Und die Sargträger, wir brauchtes dringend Sargträger! Vor meinem geistigen Auge rekrutierte ich sechs schwarz gekleidete Saatkrähen, um den winzigen Vogelsarg in einem angemessenen Trauerzug zur letzten Ruhe zu betten. Vielleicht könnten die Tauben meines Nachbarn Spalier stehen. Und kannte jemand eine Nachtigall, für den Gesangspart in der Kirche? Meine Gedanken überschlugen sich, und meine Laune besserte sich zusehends. Doch Frau Jakob rief nicht noch einmal an – meine wertvollen Dienste wurden wohl nicht weiter benötigt. Fast schon schade …

Erst am Mittwoch hörte ich wieder von Kunigundes Besitzerin. Sie habe alles vorbereitet und würde ihren Vogel jetzt abholen, lautete die überraschende Nachricht.

»Kein Problem!«, sagte ich und dachte gleichzeitig: O nein, jetzt hab ich ein Problem! Denn Kunigunde war noch immer tiefgefroren. Normalerweise tauten wir die toten Tiere rechtzeitig wieder auf, bevor sie abgeholt wurden. Schließlich möchte wahrscheinlich niemand sein geliebtes Haustier als tiefgefrorene

Eisprinzessin sehen. Ich holte den Vogel sofort aus der Truhe, aber schon wenige Minuten später tauchte Frau Jakob auf. Ganz in Schwarz natürlich, und selbstverständlich begleitet von ihren drei trauererprobten Musketieren.

Der Auftritt war so bizarr wie bisher die ganze Angelegenheit. Und doch tat sie mir leid. Florist hin, Steinmetz her – es ist einfach immer schlimm, wenn das heißgeliebte Haustier stirbt.

Die Frau hat trotzdem einen Vogel!, beharrte meine innere Stimme, und mein Widerspruch fiel nach all den Strapazen relativ schwach aus.

Ich führte die Trauergemeinde in den Raum, in dem Kunigunde bereits in ihrem provisorischen Sarg wartete: Versandkarton Größe XS, Sie erinnern sich. Aber ohne Briefmarke. Das Wiedersehen verlief wie erwartet tränenreich, und auch ich schluckte schwer. Laut schluchzend griff sich Frau Jakob den steifen Vogelkörper und drückte den toten Schnabel zu einem letzten Kuss stürmisch an ihre Lippen. Einen schrecklichen Moment lang befürchtete ich, der tiefgefrorene Vogel könnte ihr wie ein unförmiger Pfeil mitten im Gesicht stecken bleiben.

Doch der Augenblick verging, und Frau Jakob legte Kunigunde unversehrt zurück in ihren Pappsarg. Plötzlich ganz zahm, bedankte sich die Besitzerin vor ihrem Abschied für die gute Betreuung und versprach, auch mit ihrem nächsten Vogel wieder zu uns zu kommen. Ich konnte es kaum erwarten. So etwas erlebt man schließlich auch in meinem Beruf nicht alle Tage.

Populäre Irrtümer

oder: Der wahre Alltag einer Tierarzthelferin

Frau Jakob hatte es mal wieder bewiesen: Es gibt nichts, was es nicht gibt! Ich war nun schon seit einigen Jahren dabei und, wenn man so will, ein alter Hase in der Tierarztpraxis. Und doch gab es noch immer ungeahnte Herausforderungen und überraschende Wendungen, die mich eiskalt erwischten. Wie viele Generationen von Müttern haben ihren tierlieben Töchtern wohl schon den gut gemeinten Rat gegeben: »Mach doch was mit Tieren?« Und wie viele dieser Töchter sind der Empfehlung gefolgt und Tierarzthelferin geworden? Ich weiß es nicht, aber eines ist gewiss: Dieser Traumjob wird auch die kühnsten Erwartungen in vielerlei Hinsicht übertreffen …

Nehmen wir zum Beispiel die Vorfreude darauf, den ganzen Tag lang Tiere kraulen zu dürfen – und dafür auch noch bezahlt zu werden. Es mag schockierend klingen, aber zum Kuscheln ist in der Praxis tatsächlich nur selten Zeit. Noch dazu macht man als Tierarzthelferin ziemlich schnell die erschütternde Erfahrung, dass viele Tiere von uns gar nicht gestreichelt werden möchten, denn: Wir sind der Feind! Stattdessen besteht der Beruf aus einer großen Portion Verwaltung, viel Kontakt zu Menschen – und putzen, putzen, putzen! Ob im OP, auf der Krankenstation oder im Behandlungsraum: Tiere machen Dreck, Tierarzthelferinnen machen ihn weg. So einfach ist das! Und der Dreck hat es in sich.

Einmal hatte sich bei uns ein hübsches, auffallend gepflegtes Mädchen um einen Ausbildungsplatz beworben. Im Vorstellungsgespräch fragten wir sie, wie sie auf den Beruf der Tierarzthelferin gekommen sei. Über ihre Antwort amüsiere ich mich heute noch köstlich: Eigentlich wollte sie sich ja beim Friseur bewerben. Dann habe sie sich aber doch dagegen entschieden. Da müsse man schließlich ständig mit so ekelig stinkenden Flüssigkeiten arbeiten!

Ach so! Und dann bewirbst du dich stattdessen in der Tierarztpraxis, ja? Schon klar: Für empfindliche Nasen ist Tierarzthelferin genau der richtige Beruf! Bei uns riecht's nie ekelig. Die vielen Flüssigkeiten, mit denen wir uns täglich konfrontiert sehen, sind ja geradezu berühmt für ihren Wohlgeruch.

Vor meinem inneren Auge tauchten die unzähligen Situationen auf, in denen ich bereitwillig meinen Beruf gegen den der chemiegeplagten Friseurin getauscht hätte. Oder gegen meinen alten Traumjob Fleischerin. So wie in der Zeit, in der sämtliche Hundezüchter der Region mit einer beispiellosen Magen-Darm-Epidemie zu kämpfen hatten. Ganze Würfe waren erkrankt und mussten dutzendweise an den Tropf, um sie vorm Austrocknen zu bewahren. Unsere Krankenstationen waren rappelvoll und ebenso überlastet wie jeder einzelne Angestellte. Es war einfach nur scheiße. Entschuldigung, aber so war es nun einmal. Buchstäblich. So etwas überlebt man nur mit Galgenhumor!

Bewaffnet mit Eimern, Bürsten, Schwämmen und Desinfektionsmitteln säuberten wir pausenlos die völlig verdreckten Boxen und versuchten, dabei möglichst wenig zu atmen. Die Waschmaschine lief auf Hochtouren. Trotzdem schien sie angesichts der riesigen, stinkenden Wäscheberge gegen Windmühlen zu kämpfen – genauso wie wir auf unserer nun als »Kammer des Schreckens« berüchtigten Krankenstation. So ungefähr muss sich wohl der legendäre Sisyphos gefühlt haben. Nur dass es bei ihm vermutlich nicht so gestunken hat.

»Mach doch was mit Tieren!« Das hat übrigens auch *meine* Mutter immer gesagt. Während der Magen-Darm-Epidemie hätte ich sie am liebsten angerufen und gefragt, was sie sich dabei gedacht hat. Aber auch solche Zeiten gehen irgendwann vorbei. Zum Glück! Bestimmt wären Tierarzthelferinnen sonst sehr übelriechende, einsame Menschen.

Diese und viele ähnliche Erinnerungen drängten sich mir auf, als wir da so gemütlich beim Vorstellungsgespräch zusammensaßen. Schon toll, wenn man wie wir seinen absoluten Traumjob gefunden hat! Ob die hübsche Bewerberin solche Aktionen wohl bei ihrer Berufswahl bedacht hatte? Vorsichtig und unter Aussparung der pikanteren Details beschrieb ich ihr also den Arbeitsalltag in der Tierarztpraxis. Nicht ohne Genugtuung sahen wir, wie sie unter ihrem sorgsam aufgetragenen Make-up langsam erblasste. Ich muss wohl nicht extra erwähnen, dass wir sie nicht einstellten. Sicherlich war ihr die Lust auf den Beruf mittlerweile sowieso vergangen. Dann doch lieber der Friseursalon, was?

Unlösbare Aufgaben

oder: Die Vogel-Fahndung

Der nächste Tag war mit zahlreichen weiteren Bewerbungsgesprächen wie im Flug vergangen. Ich war gerade dabei, mir ein paar abschließende Notizen zu den Bewerberinnen zu machen, als eine hagere Frau um die fünfzig mit einem energischen Ruck die Praxistür aufriss.

»Gut, dass Sie noch da sind!«, rief sie erleichtert und näherte sich mit großen Schritten der Anmeldung. Ich ahnte Böses – es war schon spät, und ich hatte mich gerade auf einen faulen Abend vorm Fernseher eingerichtet.

»Was kann ich denn für Sie tun?«, fragte ich die Dame.

»Bei mir im Garten saß gerade eine Taube. Die humpelte ganz schlimm. Da müssen Sie unbedingt etwas machen!«, berichtete sie aufgeregt.

»Natürlich«, versprach ich. »Dann holen Sie sie mal rein.«

»Wie, reinholen? Ich hab die nicht dabei!«

»Ach so«, antwortete ich, »und wo ist die Taube jetzt?«

»Weggeflogen!«, antwortete die Hilfesuchende und machte sich gar nicht erst die Mühe, ihren Unmut über meine dumme Frage zu verbergen.

»Äh … und wohin ist sie geflogen?«, hakte ich nach und merkte im selben Moment, wie naiv die Frage klang.

»Das weiß *ich* doch nicht!«

Häh? Und was genau sollte ich jetzt tun?

»Ach, schade! Wenn Sie sie nochmal sehen und einfangen

können, bringen Sie sie ruhig jederzeit vorbei«, bot ich hilfsbereit an.

»Wie, und das ist alles?«, meckerte die Frau. »Ich dachte, Sie kommen mit und versuchen selbst, die Taube einzufangen!«

Klar, ich schnall mir nur gerade noch das Blaulicht auf den Kopf und leg meine Flügel an! Dann alarmiere ich fix die Deutsche Flugsicherung, damit die eine groß angelegte Suchaktion startet. Vielleicht macht ja auch die Luftwaffe mit – die haben doch so tolle Düsenjets mit Wärmebildkameras!

Geduldig erklärte ich der Dame, wie aussichtslos eine Suche nach der armen Taube war – zumal sie ja offenbar einwandfrei fliegen konnte.

»Dann suche ich mir halt woanders Hilfe!«, erklärte sie patzig und stürmte aus der Praxis.

Wo sollte das sein? Hatte sie vielleicht einen guten Draht zu Superman? Fast war ich ein bisschen neidisch auf so praktische Beziehungen. Aber natürlich wünschte ich ihr alles Gute bei der Rettungsaktion.

Der Feinschmecker

oder: Ein Meister der Schikane

Es gibt keine schwierigen Kunden – diese These, die ich auf einer meiner Fortbildungen zum ersten Mal hörte, konnte ich wohl schon mit Leichtigkeit an der einen oder anderen Stelle entkräften. Die Frau mit der humpelnden Taube zum Beispiel hatte ich durchaus als etwas schwierig empfunden – aber das ist natürlich nur meine eigene bescheidene Meinung. Angeblich hat man es ja immer selbst in der Hand, wie ein Kundenkontakt abläuft. Kein Mensch wacht morgens schon schlecht gelaunt auf und sucht gezielt seine Tierarztpraxis auf, um sich dort abzureagieren. Nur ein Wort dazu von einer leidgeprüften Tierarzthelferin: *Doch!*

Ein weiterer schwieriger Patient war Herr Klaus. Ich schwöre Ihnen, der kam immer dann vorbei, wenn er so richtig schlecht drauf war, und ging nicht eher wieder, bis wir alle noch schlechtere Laune hatten als er. Und das passierte mit grausamer Regelmäßigkeit. Schon wenn wir sein Auto auf den Hof fahren sahen, herrschte augenblicklich der Ausnahmezustand. Wann immer ich in der glücklichen Situation war, ihn als Erste gesehen zu haben, musste ich ganz plötzlich zur Toilette. Dort verschanzte ich mich so lange, bis das kollektive Aufatmen der Kolleginnen, das bis aufs stille Örtchen spürbar war, seinen Abgang verkündete. Doch leider gelang die feige Flucht nicht immer, sodass ich Herrn Klaus dann und wann an der Backe hatte. So wie an diesem Tag.

Schon bei der Begrüßung ließ er keinen Zweifel daran, dass es mal wieder wirklich schlecht um seine Stimmung stand.

»Guten Morgen«, grüßte ich fröhlich, wild entschlossen, den furchtbaren Kunden diesmal mit meiner entwaffnenden Freundlichkeit zu bekehren.

»Wenn Sie meinen!«, lautete die mürrische Antwort. Ich spürte, wie sich mein Magen zusammenkrampfte, und setzte mein unverbindlichstes Lächeln auf.

»Was kann ich für Sie tun?«, fragte ich und hoffte, er würde mich heute ausnahmsweise mit seiner berüchtigten Spitzfindigkeit verschonen.

»Wie immer«, antwortete er vage. Schon jetzt amüsierte er sich prächtig, das konnte ich seinem arroganten Gesichtsausdruck deutlich ansehen.

»Brauchen Sie wieder Futter?«, fragte ich und biss mir im selben Moment auf die Zunge. Dass ich ihm aber auch immer wieder einen Angriffspunkt liefern musste! Und richtig, er stürzte sich bereitwillig auf mein großzügiges Angebot.

»Ich weiß ja nicht, was Sie so essen«, entgegnete er ätzend, »aber ich kaufe meine Lebensmittel nicht beim Tierarzt!«

»Das dachte ich mir schon«, versicherte ich, mühsam das Pokerface aufrecht haltend. »Sie brauchen also Futter für Ihren Hund, ja?«

»Sonst wäre ich wohl nicht hier, oder?«

»Na ja, wir verkaufen ja nicht nur Futter«, widersprach ich, immer noch lächelnd, obwohl ich mir mittlerweile ziemlich sicher war, dass man das Bröckeln meiner Fassade längst sehen konnte. Tief durchatmen.

Herr Klaus brauchte also Futter. Welches Futter das sein sollte, würde ich natürlich seiner Karteikarte im Computer entnehmen. Den Fehler, ihn danach zu fragen, hatte ich nur ein einziges Mal gemacht. Ich tippte also seinen Namen ein, und … nichts tat sich. Innerlich flehend hämmerte ich auf die Enter-Taste und schickte gleich dutzendweise Stoßgebete gen Himmel. Ohne Erfolg. Der Computer hatte sich im denkbar ungünstigsten Augenblick dazu entschlossen, mal wieder mit völliger Arbeitsverweigerung zu glänzen.

»Gerne heute noch!«, drängelte der Hundebesitzer gereizt.

Ein echter Sympathieträger, dachte ich ironisch. Es half nichts: Ich musste ihn wohl oder übel fragen, welches Futter sein Hund bekam. Aus meinem Computer war gerade nichts herauszubekommen. Für Herrn Klaus war die Sache ein gefundenes Fressen: Auch er war nicht gewillt, mir mit einer kurzen Information aus der Patsche zu helfen.

»Steht doch im Computer«, war alles, was er zu dem Thema sagen konnte und vor allem wollte. Auf dem Bildschirm hatten sich unterdessen ein paar eingefrorene Textfragmente so angeordnet, dass sie ein hämisches Grinsen bildeten. Ich schwör's! Vom Computer war also vorläufig keine Hilfe zu erwarten.

Er taugt aber immer noch als Wurfgeschoss!, schlug meine innere Stimme zuckersüß vor. Ich ignorierte sie und holte stattdessen pflichtbewusst einen Futtersack aus dem Lager. Die Marke wusste ich zum Glück – nur an die gewünschte Geschmacksrichtung konnte ich mich nicht erinnern.

»Geht doch!«, kommentierte der Kunde, als ich den Sack vor ihm abstellte. Ich wagte noch einen letzten Vorstoß und fragte zögerlich nach der gewünschten Sorte, doch ob sein Hund Huhn oder Lamm und Reis bevorzugte, wurde nicht verraten.

»Das Futter ist auf jeden Fall das richtige«, versicherte ich. »Vielleicht ist die Geschmacksrichtung dann ja auch nicht so entscheidend.«

»Für Sie wahrscheinlich nicht«, entgegnete der Besitzer bedeutungsschwanger.

Endlich bezahlte er sein Futter, äußerte kurz den wiederkehrenden Vorwurf, wir würden jedes Mal die Preise erhöhen, und verließ ohne ein Wort des Dankes die Praxis. Sofort kamen aus allen Richtungen die Kolleginnen herbei, die ich allesamt schon verschollen geglaubt hatte. Die Normalität hatte uns wieder – bis das Telefon klingelte.

Es war Herr Klaus, und wenn ich ihn vorhin schon für schlecht gelaunt gehalten hatte, sollte ich ihn jetzt erst richtig kennenlernen. Der Gute war völlig außer sich! Ich gehe mal davon aus, dass Ihnen Murphys Gesetz ein Begriff ist. Ich jedenfalls hatte gerade mal wieder dessen praktische Anwendung perfektioniert. »Alles, was schiefgehen kann, wird auch schiefgehen«: Mit schlafwandlerischer Sicherheit hatte ich mich bei einer Erfolgchance von 50 Prozent schnurstracks für das falsche Futter entschieden. Mangels zuverlässigerer Informationsquellen hatte ich mich buchstäblich auf mein Bauchgefühl verlassen. Lamm und Reis – mal ehrlich, läuft Ihnen da nicht auch das Wasser im Mund zusammen? Bei mir war das so. Huhn kann dagegen ja wohl jeder! Wie das schon klingt! Fade, ungewürzt und langweilig.

Aber der Hund meines Lieblingspatienten stand offenbar auf langweilig. Oder er machte mir einfach nur genauso gerne das Leben schwer wie sein Herrchen! Ich sah das Biest förmlich vor mir, wie es vor einem riesigen Napf mit köstlich duftendem Lamm und Reis saß. Der Speichel lief nur so, und zu gerne hätte das hungrige Tier seine Zähne in das leckere Mahl geschlagen. Noch lieber allerdings wollte es mir das Leben zur Hölle machen. Mit geradezu unhundlicher Selbstbeherrschung wandte es sich also anklagend von seinem Futter ab und verlangte beleidigt nach dem faden Huhn. Was konnte man von einem waschechten Mitglied der Familie Klaus auch anderes erwarten?

Unsanft riss mich das Oberhaupt des schrecklichen Clans aus meinen Überlegungen. Den Sack mit dem falschen Futter könnte ich wieder abholen – ungeöffnet natürlich, brüllte der Mann durchs Telefon. Ungeöffnet? Er hatte also gar nicht erst versucht, ob sein Hund vielleicht ganz wild auf Lamm und Reis war? Da hatte ich dem armen Vierbeiner ja unrecht getan! Auf telepathischem Wege übermittelte ich ihm meine Entschuldigung. Und tut mir leid, dass du an so ein Ekel geraten bist!, fügte ich hinzu. Vorsichtig schlug ich vor, dem Hund das Futter doch einfach mal anzubieten.

»Und wenn er es dann wirklich nicht frisst, können Sie den Sack gerne immer noch umtauschen!«

»Das können Sie vergessen!«, wetterte Herr Klaus. »Mein Hund frisst so 'nen Dreck nicht! Also sehen Sie zu, dass Sie herkommen und mir das richtige Futter bringen!«

Was ich auch sagte, der Besitzer war nicht umzustimmen. Und natürlich sah er es auch gar nicht ein, selbst vorbeizukommen, um den Sack umzutauschen. Schließlich war das Ganze meine Schuld gewesen. Eine größere Freude hatte ihm sicherlich noch nie jemand gemacht!

Also ergab ich mich in mein Schicksal, lud nach Feierabend den faden Hühnersack in mein Auto und machte einen Ausflug zu Familie Klaus. Die wohnte natürlich nicht um die Ecke, sondern rund 35 Kilometer entfernt. Sie erinnern sich an Murphys Gesetz. Beim Haus des Patienten angekommen, hatte ich dann allerdings doch etwas Glück: Mein spezieller Freund war nicht zu Hause! Erleichtert nahm ich den verschmähten Futtersack von seiner Frau entgegen, der die Sache offenbar ziemlich peinlich war. Ich widerstand dem spontanen Impuls, ihr und dem armen Hündchen, das mich von seinem Platz aus schuldbewusst anwedelte, Asyl in meinem Gästezimmer anzubieten. Wäre bestimmt besser, als täglich mit den Launen des Hausherrn zu leben, aber man kann ja auch nicht jeden retten – das hat schon meine Oma immer gesagt! Ich tauschte also die Futtersäcke aus und trat den Rückweg an. Natürlich ohne dem auf dem Hof geparkten Auto der Familie ein Päckchen Zucker in den Tank zu schütten. Obwohl mir der Gedanke kurz kam.

Ein paar Wochen später hatte ich das traumatische Erlebnis gerade fast vollkommen verdrängt, als das wohlbekannte Auto auf den Hof der Praxis fuhr. Gnadenlos bahnte sich die Erinnerung mit aller Macht ihren Weg zurück in mein Bewusstsein. Panisch wandte ich mich in Richtung Toilette – doch die Kolleginnen waren schneller. Pech gehabt!

Augen zu und durch!, motivierte ich mich selbst, als Herr Klaus mit einem mir völlig unbekannten Gesichtsausdruck zur Tür hereinkam. War das etwa ein Lächeln?

Unwahrscheinlich!, stellte meine innere Stimme nüchtern fest. Doch Prince Charming war tatsächlich in bester Stimmung. Für einen kurzen Moment hing ich dem naiven Gedanken nach, Frau und Hund hätten ihm mal gehörig den Marsch geblasen und für ihre bemitleidenswerte Tierarzthelferin Partei ergriffen. Dann jedoch offenbarte der Kunde seine perfiden Absichten und holte mich brutal auf den Boden der Tatsachen zurück.

Er brauchte wieder Futter. Also genau genommen sein Hund. Welches das war, wusste ich mittlerweile natürlich nur zu genau. Ich war schon auf dem Weg ins Lager, um einen Sack fades Huhn zu holen, als mich Herr Klaus zurückhielt.

»Das gibt's doch auch als Lamm und Reis, oder?«, fragte er unschuldig. »Das würde ich gerne mal ausprobieren.«

Mit letzter Kraft verschwand ich um die Ecke und schloss japsend die Tür hinter mir. Noch ein einziger Mucks von dem, und ich würde in eine Tüte atmen müssen! Aber stimmt schon: Es gibt keine schwierigen Kunden!

Ekel to go

oder: »Ich hab da mal was mitgebracht!«

Um also nicht gegen diesen wertvollen Leitspruch für Tierarzthelferinnen zu verstoßen, hatte ich mir längst angewöhnt, von »speziellen« Kunden zu sprechen. Von ihnen sind mir während meiner Zeit in der Tierklinik zwei Sorten begegnet:

Einmal die Herren Klaus dieser Welt, die in ihrer Freizeit einfach aus purer Freude fies und unerträglich sind. Begegnet man einem solchen Exemplar, darf man mit vollem Recht sauer sein, mit seinem Schicksal hadern und innere Tobsuchtsanfälle zelebrieren.

Die zweite Art schwieriges, Verzeihung, *spezielles* Herrchen fällt hingegen nicht durch grobe Unverschämtheit auf. Mitglieder dieser Gruppe stoßen Sie zwar ebenfalls regelmäßig über die Klippe des Wahnsinns, tun dies allerdings fröhlich-naiv und mit den allerbesten Absichten. Da weiß man häufig nicht, ob man lachen, weinen, schreien oder höflich resignieren soll. Bei unserer Kundin Frau Weinert hatte ich mich mittlerweile für die letzte Option entschieden.

Frau Weinert hatte sich, wie wohl die meisten Tierbesitzer, wohl oder übel daran gewöhnt, dass man immer wieder auch mit den verschiedensten Körperausscheidungen seines Lieblings konfrontiert wird. Das ist nun mal so, da müssen wir alle durch. Und tatsächlich ist es oftmals eine gute Idee, bei bestimmten Symptomen dem Tierarzt eine Probe davon mitzubringen, damit der Doktor sie untersuchen kann. So weit, so gut. Diese ganze Probenkultur nimmt jedoch manchmal Ausmaße an, die man sich als normaler Mensch gar nicht vorstellen kann. Bei einigen Kunden gewann man direkt den Eindruck, sie würden pauschal alles einsammeln, was ihr Tier in seinem Leben so ausschied – für alle Fälle! Schließlich kann man ja nie wissen, wofür so ein Sack Hundekot nochmal gut sein wird. Und wenn man dann schon über ein so reiches Probensortiment verfügt, sollte man das natürlich seiner Tierarzthelferin auf keinen Fall vorenthalten.

Sie glauben ja gar nicht, was uns in der Praxis jeden Tag so angeschleppt wurde! Ich frage mich noch heute, ob die Leute das bei ihrem Humanmediziner genauso machen: Seit gestern muss ich mich ständig übergeben, Herr Doktor. Ich habe Ihnen da mal ein paar Tütchen voll mitgebracht …! Ich glaube nicht, dass viele Menschen tatsächlich auf diese Idee kommen würden. Beim Tierarzt allerdings sieht die Sache aus unerfindlichen Gründen gänzlich anders aus.

Unsere Stammkundin Frau Weinert trieb diese Sammelleidenschaft nun allerdings zur Perfektion. Sie kam mit zwei großen Mischlingen mittleren Alters zu uns. Und sie kam niemals mit leeren Händen – selbst dann nicht, wenn es keinerlei Probleme gab und die Hunde nur zur Impfung vorgestellt wurden. Als ganz besonders verantwortungsbewusste Tierbesitzerin beschriftete sie die unzähligen Proben akribisch mit dem genauen Datum, Ort und Uhrzeit der Ausscheidung. Wann immer sie das für relevant erachtete, erfuhren wir Tierarzthelferinnen dann auch noch bis ins kleinste Detail, was die Hunde im Vorfeld alles zu sich genommen hatten.

Im Laufe der Jahre hatte sich die ganze Prozedur längst zu einem fest eingespielten Ritual entwickelt. Wenn Frau Weinert die Praxis betrat, war sie stets so schwer beladen wie nach einem vorweihnachtlichen Einkaufsbummel.

»Ich hab Ihnen da mal was mitgebracht«, kündigte sie an und setzte ächzend zwei prall gefüllte Tüten auf dem Tresen der Anmeldung ab.

Es gab mal Zeiten, in denen ich bei einer solchen Formulierung noch Geschenke erwartet hätte. Schokolade, Kaffee oder ein Fläschchen Sekt für das Praxisteam – so etwas kam ja vor! Doch solche Erwartungen hatte ich mir längst abgewöhnt. Was jetzt kam, kannte ich schließlich zur Genüge.

Routiniert breitete Frau Weinert ihre chronologisch geordnete Probensammlung vor mir aus. Sie erinnerte mich dabei amüsanterweise immer an die Fernsehwerbung, in der dieser eingebildete Typ mit seinen luxuriösen Besitztümern angibt: mein Haus, mein Auto, mein Boot, und dabei mit arrogantem Schwung die glänzenden Beweisfotos auf den Tisch klatscht. Zack, zack, zack!

So ähnlich lief das Ganze mit Frau Weinert ab. Mein Kot, mein Urin, mein Erbrochenes. Zack, zack, zack!, auf den Tresen vor mir gestellt. Dasselbe noch einmal für die Ausscheidungen von Hund Nummer zwei.

Halb acht morgens. Zack!

Ein Uhr mittags. Zack!

Abendspaziergang um sieben. Zack!

Dazu ein stolzer, fast triumphierender Gesichtsausdruck, als würde sie tatsächlich gerade die Früchte ihres erfolgreichen Lebens präsentieren.

Mit feierlicher Miene nahm ich die Ansammlung zweckentfremdeter Salbentiegel und Marmeladengläschen entgegen – und entsorgte sie diskret im nächstgelegenen Mülleimer. Schließlich machte es keinen Sinn, mehrmals wöchentlich für teures Geld die verschiedensten Proben zu untersuchen. Natürlich hatten wir das Frau Weinert schon des Öfteren zu verstehen gegeben, die sich allerdings die zeitaufwändige Archivierung aller Körperausscheidungen ihrer Hunde einfach nicht nehmen ließ. Und ich wollte ihr den Spaß natürlich auf keinen Fall verderben!

Neulich im Wartezimmer

oder: Stille Post

Genauso viel Spaß, wie das Sammeln sinnloser Ekelproben offenbar der fleißigen Frau Weinert bereitete, machte es mir, von Zeit zu Zeit die spannenden Unterhaltungen unserer wartenden Kunden zu belauschen. Eigentlich müsste man diesen Gesprächen, die jeden Tag sicherlich auch in all den anderen Wartezimmern der Welt stattfinden, ein eigenes Buch widmen. Da erzählen ältere Damen jedem, der es wissen will – und natürlich all denen, die einfach nur zur falschen Zeit am falschen Ort sind –, ebenso hemmungslos wie lautstark von den Hämorriden ihrer Ehemänner. Andere Wartende berichten bereitwillig über die Erektionsstörungen ihrer Partner – und über alle Maßnahmen, die sie dagegen bereits ausprobiert haben. Da kursieren münchhausenartige Geschichten von den eigenen Heldentaten und denen der geliebten Haustiere. Und manchmal, so wie in dem Fall, von dem ich Ihnen hier erzählen möchte, erinnerten mich die Unterhaltungen und ihre kuriosen Ergebnisse an vergangene Kindertage, wenn beim Spiel »Stille Post« am Ende einer langen Kinderreihe ein Satz herauskam, der mit seiner ursprünglichen Version nichts mehr gemeinsam hatte.

Während der morgendlichen Terminsprechstunde hatte sich im Wartezimmer eine redselige Runde aus drei Damen mittleren Alters gebildet. Obwohl sie sich wahrscheinlich noch nie zuvor begegnet waren, hatten sich die Frauen jede

Menge zu erzählen. Mir sollte es recht sein – solange sie beschäftigt waren, meckerte wenigstens niemand über die Wartezeit. Im Mittelpunkt stand ganz klar Frau Schneider, die mit ihren Erfahrungen aus einem Leben für den Tierschutz auftrumpfte. Während ich im Labor eine Blutprobe aufbereitete und untersuchte, lauschte ich interessiert ihren Erzählungen.

Frau Schneider fuhr dreimal im Jahr in ihr Ferienhaus nach Griechenland, und von den meisten ihrer Reisen brachte sie mindestens ein gequältes oder verwahrlostes Tier mit, das dann in ihrem großen Bekanntenkreis ein neues Zuhause fand. Sie selbst beherbergte inzwischen sieben griechische Flüchtlingshunde. Auf einer ihrer ersten Touren hatte Frau Schneider einen heruntergekommenen Hof entdeckt, der von vier großen, völlig abgemagerten Hunden bewacht wurde. Sie lagen an der Kette und hatten scheinbar ihr Leben lang noch nichts anderes gesehen als den verdreckten Hinterhof, auf dem sie ihr Dasein fristeten. Trotz ihres sicherlich sehr traurigen Lebens waren die Hunde relativ zahm und umgänglich. Zwei Wochen lang hatten die Tierfreundin und ihr Mann die vier gefüttert. Am letzten Tag ihres Aufenthalts schließlich befreiten sie die armen Hunde in einer Nacht-und-Nebel-Aktion von ihren Ketten und brachten sie kurzerhand mit nach Deutschland.

Mit großen Augen hingen die Zuhörerinnen an Frau Schneiders Lippen. Auch ich war angemessen beeindruckt! Und es ging spannend weiter: Obwohl das Ganze schon viele Jahre her war, lebten drei der vier geretteten Hunde noch immer bei der tierlieben Familie. Und das, wo der älteste von ihnen, ein wahrer Methusalem, auf mittlerweile stolze 15 Jahre geschätzt wurde. Ich kannte den Hund – und konnte mich beim besten

Willen nicht daran erinnern, dass bei uns eine derartige Schätzung vorgenommen worden war. Aber vielleicht hatte ich diesbezüglich einfach etwas verpasst. Jedenfalls war nur eines der Tiere schon kurz nach der Rettung verstorben: ein älterer Schäferhund-Mischling, der einen tennisballgroßen Tumor am After gehabt hatte. Die anderen waren mittlerweile taub, blind und – das nur als Ergänzung meinerseits – beginnend senil, freuten sich aber offenbar noch immer ihres Lebens.

An diesem Punkt der Geschichte unterbrach Tierärztin Isabell jäh den gemütlichen Kaffeeklatsch: Frau Schneider wurde aufgerufen und ließ zwei faszinierte Damen mit ihren eher desinteressierten Tieren zurück. Als schließlich auch die nächste Kundin an der Reihe war, machte Frau Menke als Überbleibsel des kommunikativen Trios einen etwas einsamen Eindruck. Doch sie sollte nicht lange allein bleiben. Genau in diesem Moment traf Frau Kurz ein, die erfahrungsgemäß immer für einen kleinen Plausch zu haben war. Zielstrebig steuerte sie auf die verwaiste Frau Menke zu, die sofort die eben gehörte Geschichte zum Besten gab.

»Gerade habe ich eine Frau kennengelernt, die jedes Jahr mehrmals in die Türkei fährt«, legte sie eifrig los.

Ich hatte mich eigentlich schon wieder meiner Arbeit zugewandt – die Erzählung, die nun folgte, kannte ich schließlich schon. Hatte ich zumindest gedacht! Doch das hier versprach spannend zu werden.

»Dort rettet sie jedes Mal Tiere aus ganz schlechten Verhältnissen!«, fuhr Frau Menke fort. »Sie selbst hat schon siebzehn Hunde und ein ganzes Haus voller Katzen.«

Ich grinste in mich hinein. Diesen Teil der Geschichte hatte ich vorhin anscheinend verpasst …

»Ich habe drei …«, begann Frau Kurz. Doch ihre Beteiligung an der Unterhaltung wurde gegenwärtig offenbar nicht gewünscht.

»Vier Hunde hat sie vor vielen Jahren von einem Schrottplatz gerettet«, fiel Frau Menke ihr ins Wort. »Die wurden immer mit einer Kette geschlagen. Wahrscheinlich auch auf den Kopf – auf jeden Fall sind sie alle blind und taub!«

Endlich lauschte die Zuhörerin den Ausführungen mit der gebotenen Ehrfurcht und unternahm keine weiteren Versuche, sie mit ihren eigenen, unspektakulären Erlebnissen zu unterbrechen.

»Einer der Hunde ist noch auf dem Rückflug gestorben. Der hatte einen fußballgroßen Tumor, der ganz plötzlich aufgeplatzt ist. Die ganze Transportbox war voller Blut – wirklich schlimm! Aber die anderen Hunde leben immer noch. Einer von ihnen ist jetzt schon über zwanzig!«, prahlte Frau Menke, als wäre das ihr persönlicher Verdienst.

Frau Kurz dagegen war deutlich anzusehen, dass ihre Gedanken noch um den Teil mit dem vielen Blut kreisten. Ich überlegte kurz, ob ich – nur für ihr Seelenheil natürlich – die Sache richtigstellen sollte. Das hätte aber bedeutet, mich als unbefugter Lauscher outen zu müssen. Also stellte ich mich weiterhin taub und überließ die beiden Wartenden sich selbst.

Es dauerte nicht lange, bis auch Frau Menke in den Behandlungsraum gerufen wurde. Die zweite Dame starrte verstört vor sich hin und war scheinbar gerade dabei, das Gehörte zu verarbeiten, als sich eine weitere Kundin mit ihrer Katze zu ihr gesellte. Sofort ergriff Frau Kurz das Wort.

»Hier war gerade eine Frau, die macht jedes Jahr mehrmals Urlaub in Spanien«, platzte sie heraus, ohne ihre wertvolle Zeit mit unverfänglichem Smalltalk zu verschwenden. »Dort hat sie

schon mehr als fünfzig Hunde aus ganz erbärmlichen Verhältnissen gerettet ...«

Mit einer Mischung aus Belustigung und Fassungslosigkeit
wandte ich mich ab und widmete mich meinen Laborproben.
Wie viel Blut in dieser Version fließen würde, wollte ich lieber
gar nicht wissen ...

Tierfreundschaften

oder: Irren ist menschlich

Wer permanent mit den unterschiedlichsten Persönlichkeiten und den kuriosesten, nicht zwangsläufig realitätsnahen Geschichten konfrontiert wird, lernt zumindest eines: Toleranz ist im täglichen Zusammenleben von größter Bedeutung. Wer anders aussieht oder anders denkt als ich, ist deshalb nicht weniger wert. »Leben und leben lassen« lautet die Devise – für uns Menschen! Wer diese »Vielfalt ist eine Chance«-Mentalität allerdings auf unsere Haustiere überträgt, erlebt immer wieder böse Überraschungen.

Ich weiß, es ist schwer zu ertragen, aber auch die nettesten tierischen Freunde sind in dieser Hinsicht erschreckend engstirnig. Lassen Sie uns der Wahrheit in ihr abstoßendes Gesicht blicken: Tiere sind nicht demokratisch. Tiere kennen kein Mitleid mit Lebewesen, die in die Rubrik »Beute« fallen. Tiere engagieren sich auch nicht ehrenamtlich für die Schwachen und Unterdrückten. Das macht sie nicht gleich zu schlechteren Menschen. So ist nun mal der Lauf der Welt. Schwierig wird es nur, wenn wir Menschen das nicht wahrhaben wollen. Fakt ist: Freundschaften zwischen Katzen und Mäusen oder Löwen und Antilopen sind ungefähr so wahrscheinlich wie Flöhe, die den Hund nur als Mitfahrgelegenheit brauchen. Davon könnte Hamster Kalle wohl ein Lied singen – wäre da nicht dieser kleine Vorfall mit Kater Linus gewesen …

Kalle und Linus waren die dicksten Freunde. Davon war

jedenfalls Herrchen fest überzeugt. Schließlich hatte es im Zusammenleben von vornherein strikte Regeln gegeben. Klar, dass Hamster und Katze sich wie wahre Musterkinder benahmen und sich permanent um das Wohlergehen des anderen sorgten. Manchmal saß Linus stundenlang vor Kalles Käfig und schien sich mit ihm zu unterhalten. Herrchen war dann immer ganz gerührt von seinen vorbildlichen Vierbeinern, die alle Gerüchte um niedere Raubtier-Beute-Konstellationen Lügen straften. Hier wurde niemand wegen seiner Andersartigkeit diskriminiert – geschweige denn gefressen! Immer wieder erzählte der Besitzer im Wartezimmer von der harmonischen Tierfreundschaft und erntete Begeisterung. Das ist ja aber auch wirklich niedlich, wenn sich zwei so unterschiedliche Tiere so gut verstehen! Hin und wieder streckte Linus sogar seine Pfötchen durch die Gitterstäbe. Bestimmt wollte er Kalle streicheln. Und Kalle hatte gar keine Angst. Warum auch? Linus war schließlich wie ein großer Bruder für ihn. Schön, so eine innige Freundschaft!

Eines Tages bemerkte Herrchen beim Staubsaugen, wie Kater und Hamster durch die Gitterstäbe des Käfigs mal wieder Zärtlichkeiten austauschten. Wie süß, dachte er sich und saugte weiter. Wie süß, dachte sich wohl auch Linus. Als der Besitzer das nächste Mal einen Blick auf seine Haustiere warf, sah er den Kater genüsslich kauen. Kalle allerdings hatte den Kopf verloren. Genauer gesagt: Von Kalle war nur noch der Kopf übrig, der zu dick gewesen war, um durch die Gitterstäbe zu passen. Den Rest hatte Linus geschickt herausgezogen und mit großem Appetit vertilgt. So also die Geschichte von zwei ungleichen Freunden, die sich wirklich mochten.

Noch Tage später, als der Besitzer in der Praxis von den grausamen Vorkommnissen berichtete, war er fassungslos. Wie hatte Linus nur so etwas tun und Herrchens Vertrauen aufs Schändlichste missbrauchen können? Und wissen Sie, was das Schlimmste war? Es tat dem Kater noch nicht einmal leid! Ungerührt hatte Linus Herrchens Vorwürfe über sich ergehen lassen und das haarige Mahl mit einem Schluck Katzenmilch runtergespült. Der Teufel in Katzengestalt! Wie kann man sich in seinem Haustier bloß derart irren?

Populäre Irrtümer
oder: Die Leiden einer Katze

Ein paar Wochen nach Kalles Tod wartete im Notdienst eine weitere denkwürdige Katzengeschichte auf mich. Es war Sonntagnachmittag. Eigentlich hatten wir gerade die gut besuchte Notfall-Sprechstunde beendet und wollten nach Hause. Aber jetzt klingelte das Telefon, und wir ahnten Böses. Es war mal wieder einer dieser Tage. Schon seit frühmorgens saßen wir in der Praxis fest. Jedes Mal, wenn der Feierabend in greifbare Nähe rückte, kündigte sich der nächste Notfall an. So wie jetzt gerade.

»Meine Katze Mona schreit wie am Spieß!«, berichtete eine junge Frau aufgeregt am anderen Ende der Leitung. »Ich glaube, sie hat furchtbare Schmerzen!«

»Was ist denn passiert? Haben Sie irgendetwas gesehen? Und seit wann ist das so?«, fragte ich die besorgte Besitzerin.

»Bis eben war alles gut, und sie hat ganz normal gefressen und getrunken. Ich habe keine Ahnung, was mit ihr los sein könnte!«

Im Hintergrund hörte man jetzt selbst durchs Telefon das lautstarke Geschrei der Katze. Es war ohrenbetäubend – und klang sehr vertraut.

»Wie alt ist Mona denn?«, fragte ich die Anruferin.

»Ich weiß nicht genau – so sechs bis sieben Monate«, antwortete sie.

»Und sie ist noch nicht kastriert, oder?«, tastete ich mich weiter vor.

»Nein.«

»Ist sie sehr aufgeregt und anhänglich, reibt ständig den Kopf an Ihren Möbeln und hebt den Schwanz, wenn Sie sie streicheln?«

»Ja«, erwiderte die junge Frau. Sie klang überrascht – kein Wunder bei meiner Trefferquote.

»Ihre Katze ist rollig«, klärte ich sie auf, »das heißt, sie ist paarungsbereit. Ihr merkwürdiges Verhalten und die Schreie sind da ganz normal.«

»Wirklich?«, fragte die Anruferin hoffnungsvoll. »Das hört sich so furchtbar an. Ich hatte schon richtig Angst!«

»Oh ja!«, bestätigte ich grinsend. »Dann warten Sie mal ab, bis sich der erste Kater bei Ihnen blicken lässt. Das klingt in der Regel noch viel schlimmer!«

»Oh …!«, antwortete die Besitzerin nur – sie hatte verstanden, worauf ich hinauswollte. »Dann mache ich wohl bald mal einen Termin zur Kastration, was?«

»Gute Idee.«

Wir verabschiedeten uns zufrieden: Ich glücklich, dass der Notfall doch keiner war, sie erleichtert, dass Mona noch nicht sterben musste. Welch schöner Abschluss eines langen, anstrengenden Tages in der Tierarztpraxis!

Undank ist der Welten Lohn
oder: Den Nettesten beißen die Hunde

Kennen Sie das auch? Wann immer Sie besonders nett sein wollen, stellt das Leben Ihnen ein Bein und zeigt Ihnen eine lange Nase. So jedenfalls kommt es mir manchmal vor. Aber lerne ich daraus? Glücklicherweise nicht! Meistens schaffe ich es noch immer, von Zeit zu Zeit etwas Nettes zu tun. Wie im Fall von Hündin Lara.

Lara war ein Mischling und gehörte einer alleinstehenden alten Dame, die zum ersten Mal in unsere Praxis kam. Wie sein Frauchen hatte auch der Hund schon einige Jahre auf dem Buckel. Er litt unter schlimmem Zahnstein und einem schnell wachsenden Geschwür an der Seite – wir rieten dringend dazu, beides entfernen zu lassen. Natürlich unter Vollnarkose. Das war nicht nur relativ teuer, sondern auch organisatorisch ein Problem für die Besitzerin Frau Schiermeyer. Sie besaß kein Auto und hatte keine Verwandten oder Freunde in der Nähe, die sie und Lara in die Praxis bringen konnten. Zur Untersuchung war sie einen etwa drei Kilometer langen Weg zu Fuß gekommen. Den konnte sie unmöglich zweimal am Tag laufen, um Lara morgens zur OP zu bringen und nachmittags wieder abzuholen. Noch dazu würde auch Lara direkt nach der Operation wohl nicht so weit laufen können. Also was tun?

Frau Schiermeyer war besorgt und wusste beim besten Willen nicht, wie sie den OP-Tag meistern sollte. Unglücklich klagte sie mir ihr Leid und drückte sich dabei sogar ein Tränchen aus dem Auge.

Gerissene alte Schachtel!, denke ich heute. Arme süße Omi!, dachte ich damals. Und bot natürlich sofort meine Hilfe an. Der Plan: Ich würde morgens vor der Arbeit bei Frau Schiermeyer vorbeifahren und ihren Hund abholen. Nachmittags, wenn Lara wieder wach wäre und ich Feierabend hätte, könnte ich sie zurückbringen. Frei Haus, sozusagen. Ich fühlte mich richtig gut dabei, einen solchen Service anbieten zu können. Kostenlos natürlich. Einfach so, aus Nettigkeit. Auch Frau Schiermeyer war begeistert und tätschelte mir dankbar die Hand. Wer braucht schon Geld bei so einem herzerwärmenden Lohn?

Doch dann nahm das Unheil seinen Lauf.

Schon die Absprache der Details gestaltete sich schwierig. Meine Schicht begann um 7:30 Uhr. Um pünktlich anfangen zu können, musste ich Lara also spätestens um viertel nach sieben von zu Hause abholen.

»Morgens?«, kreischte Frau Schiermeyer fassungslos, plötzlich gar nicht mehr die schwächelnd-liebliche Omi von vorhin.

»Ja, morgens«, antwortete ich geduldig, »die OP findet ja morgens statt, und ich muss um halb acht bei der Arbeit sein.«

»Da schlafe ich noch!«, widersprach sie stur. »Kommen Sie um neun.«

»Das geht leider nicht«, entschuldigte ich mich. »Ich hole Lara ja direkt vor der Arbeit bei Ihnen ab.«

»Dann kommen Sie halt um acht. Aber dann müssen Sie noch mit Lara raus. Das schaffe ich vorher nicht«, erklärte die Besitzerin.

Nach zähen Verhandlungen einigten wir uns auf viertel vor acht. Natürlich nur unter der Bedingung, dass ich – quasi als Dank für so viel Entgegenkommen – das morgendliche Gassigehen übernahm. Ich bat meinen Chef, ausnahmsweise eine halbe Stunde später anfangen zu dürfen, und schob das ungute Gefühl beiseite, dass hier irgendetwas falsch lief.

Das nächste Problem war meine mangelnde Ortskenntnis. Ich fragte die alte Dame nach ihrer Adresse und bekam einen ordentlichen Rüffel.

»Die haben Sie doch in Ihrer Kartei!«, motzte sie.

Richtig. Hatte ich ganz vergessen. Wie dumm von mir. Ich suchte mir also ihre Adresse heraus und verbannte jeden bösen Gedanken aus meinem Kopf. Hätte sie mir den Straßennamen nicht einfach schnell sagen können …? Ach, was soll's. Jetzt wusste ich die Adresse ja. Was ich allerdings nicht wusste, war, wie ich dort hinkam.

»Wo ist denn die Friedensstraße?«, fragte ich unbedarft.

»Hier im Ort!«, fauchte Frau Schiermeyer gereizt.

»Ja, aber wie muss ich da fahren?«, beharrte ich freundlich.

»Haben Sie denn keinen Stadtplan? Sie werden doch wohl die Friedensstraße finden!«

Zugegeben, auch ich war mittlerweile genervt. Außerdem besaß ich tatsächlich keinen Stadtplan. Aber Internet. Nach Feierabend druckte ich mir also zu Hause eine Wegbeschreibung aus und stellte fest, dass ich von der Praxis aus gesehen ganze zweimal abbiegen musste. Warum hatte sie mir das nicht einfach …? Na ja, war jetzt ja auch egal. Alte Leute sind ja bekanntlich manchmal etwas komisch. Erfolgreich redete ich mir die Sache schön und freute mich sogar auf den anstehenden Einsatz. Ich bin aber auch echt ein Schaf!

Der Morgen der Operation verlief zunächst ohne größere

Zwischenfälle. Mein Auto sprang an, was nicht selbstverständlich war, und trotz meiner ausgeprägten Defizite in Sachen Orientierung fand ich Laras Zuhause auf Anhieb. Pünktlich um viertel vor acht klingelte ich an der Haustür. Niemand öffnete. Ich wartete eine halbe Ewigkeit, schließlich wollte ich die alte Dame nicht hetzen. Im Haus war noch immer alles still. Ich klingelte ein zweites Mal. Nach wenigen Sekunden riss Frau Schiermeyer die Tür auf und hieß mich mit einem schlecht gelaunten Brummen willkommen.

»Sie müssen nicht gleich Sturm klingeln! Ich komm ja schon!«, meckerte sie.

»Entschuldigung«, sagte ich kleinlaut und fragte mich, was wohl aus dem guten alten »Guten Morgen« geworden war.

Lara stand neben ihrem Frauchen und war mindestens genauso schlecht gelaunt. Beide sahen aus, als wären sie gerade erst aus dem Bett gefallen: die Haare zu allen Seiten abstehend, die Gesichter zerknautscht.

Wenigstens hat sie ihr Gebiss drin, dachte ich. Dass in Sachen Gebiss noch einiges auf mich zukommen sollte, ahnte ich da noch nicht.

»Hallo Lara«, säuselte ich und bückte mich zu dem Hund hinunter. Lara knurrte und zeigte mir ihre sanierungsbedürftigen Zähne. Überrascht richtete ich mich wieder auf und freute mich plötzlich gar nicht mehr auf den bevorstehenden Tag. Eigentlich hatte ich gedacht, der Hund wäre nett und unkompliziert. Dasselbe hatte ich allerdings auch von seiner Besitzerin angenommen. So viel also zum Thema Menschen- beziehungsweise Hundekenntnis.

Nach einer kurzen, unfreundlichen Abfertigung an der Haustür machte ich mich mit meinem Patienten auf den Weg in die Praxis. Vor Ort bereiteten wir den Hund für die OP vor. Lara biss mittlerweile wild um sich und quiekte ohrenbetäubend, obwohl wir sie nicht einmal berührten. Das gesamte Wartezimmer war wie immer voller Mitgefühl für den armen, geschundenen Hund, der irgendwo in den Katakomben der Praxis um sein Leben kämpfte. Sosehr ich mich auch bemühte: Wieder einmal hörte ich keinerlei Beileidsbekundungen für die armen Tierarzthelferinnen, die mindestens genauso verzweifelt in eben diesen Katakomben um die Erhaltung ihrer Gliedmaßen kämpften. Ich zum Beispiel. Aber so ist wohl das Leben.

Mit vereinten Kräften legten wir den Hund schließlich in Narkose und begannen endlich mit unserer Arbeit. Schon nach kurzer Zeit waren die Zähne blitzeblank und das Geschwür entfernt. Lara schlief sanft und friedlich, als wir sie in eine der kuscheligen Aufwachboxen legten. Ein schönes Bild. Das nicht von Dauer sein sollte.

Als sich meine Schicht gegen Nachmittag dem Ende neigte, hatte sich Lara ordentlich ausgeschlafen und war schon wieder ganz die Alte. Was bedeutet: Sie war schlecht gelaunt und spuckte Gift und Galle, wann immer ich auch nur in die Nähe ihrer Box kam. Wie sie mich so mit offenem Maul angeiferte, erinnerte sie mich ein Stück weit an ihre Besitzerin. Natürlich behielt ich diesen Gedanken für mich – schließlich wollte ich die Bestie nicht noch mehr gegen mich aufbringen.

Endlich hatte ich Feierabend. Ich zog mich um und freute mich auf einen ruhigen, entspannten Abend. Vorher musste ich nur noch schnell Lara nach Hause bringen. Die allerdings war wild entschlossen, mir die Sache auf keinen Fall leicht zu machen. Wütend knurrte sie mich durch die Gitterstäbe an und biss bedrohlich um sich. Unbeeindruckt öffnete ich die Boxentür und griff nach dem Ende der Leine, die ich ihr wohlweislich noch vor dem Aufwachen angelegt hatte. Vorsichtig zog ich sie aus der ebenerdigen Box und führte sie zum Auto, ohne sie auch nur berühren zu müssen. Alles lief nach Plan – bis wir mein Auto erreicht hatten. In das konnte ich den Hund ja schlecht an der Leine hineinziehen. Ich bückte mich also, um meinen Patienten in den Wagen zu heben, und war nur für einen kleinen Moment unaufmerksam. Lara nutzte die Gelegenheit und bohrte ihre blitzeblanken Zähne bis zum Anschlag in meine Hand. Irgendwie gelang es mir, sie auf meine Rückbank zu legen und die Autotür zuzuschlagen. Fassungslos betrachtete ich meine schnell anschwellende Hand, aus der die ersten Blutstropfen quollen. Ich war empört. So was Undankbares! Nie wieder würde ich fremden Leuten meine Hilfe anbieten! Das war's, ein für alle Mal! Die Welt ist schlecht.

Lara hatte es sich zwischenzeitlich auf meiner Rückbank bequem gemacht und schien mit sich und der Welt im Reinen. Genüsslich fuhr sie sich mit der Zunge über die sauberen Zähne und plante ganz offensichtlich schon deren nächsten Einsatz. Resigniert stieg ich ins Auto und machte mich auf den Weg zu Frau Schiermeyer. Schlimmer konnte dieser Tag nicht mehr werden. Dachte ich. Bis ich hinter mir ein lautes Schmatzen hörte. Ich drehte mich um und sah, dass Lara von ihrem Lager aufgestanden war. Herausfordernd sah sie mich an – und kotzte ohne Vorwarnung lang über meine Sitze. Bis heute bin ich mir sicher: Das war kein Unfall! Die hat sich die Pfote in den Hals gesteckt, nur um mich zu ärgern!

Ich ignorierte meine lädierte Hand und den Gestank nach Erbrochenem und konzentrierte mich ganz darauf, meinen bissigen Beifahrer möglichst schnell loszuwerden. Endlich war ich in der Friedensstraße angelangt und hielt vor dem Haus der alten Dame. Ich öffnete die Autotür und war froh, dass Lara von selbst heraussprang. Diesmal öffnete Frau Schiermeyer schon nach dem ersten Klingeln. Lara verschwand ohne ein Wort des Dankes in der Wohnung, aber von der hatte ich auch nichts anderes erwartet. Ihre Besitzerin dagegen war überglücklich. Glaube ich zumindest. Sie konnte es wohl nur nicht so zeigen.

»Sie sind spät dran!«, herrschte sie mich an.

Ich deutete das als Dankeschön.

»Gern geschehen!«, sagte ich also und wollte schon gehen, als Frau Schiermeyer mich zurückrief. Was kam denn jetzt? Pralinen? Ein Blumenstrauß? Oder wenigstens der berühmte feuchte Händedruck? Gespannt drehte ich mich wieder um und biss fast in den riesigen Müllsack, den Frau Schiermeyer mir ins Gesicht streckte.

»Den können Sie auf dem Weg in die Tonne schmeißen. Dann muss ich nicht extra gehen.«

Schicksalsergeben schnappte ich mit der unverletzten Hand den Müllbeutel und machte mich davon. Im Haus meinte ich das hämische Gelächter eines Hundes zu hören – aber vielleicht habe ich mir das auch nur eingebildet.

Ich wollte nur noch nach Hause, nichts hören, nichts sehen, mit niemandem reden. Einen Zwischenstopp hatte ich allerdings noch vor mir: Ich sprang in den Supermarkt, um Desinfektionsmittel und Verbandszeug zu kaufen, für meine Hand. Und traf, wie sollte es anders sein, eine unserer gesprächigsten Kundinnen. Mit nahezu unmenschlicher Selbstbeherrschung hörte ich mir ihre Haustiergeschichten an, die ich mittlerweile Wort für Wort mitsprechen konnte. Was ich natürlich nicht tat – ich wollte ja nicht unhöflich wirken! Geduldig beantwortete ich ihre Fragen zur faszinierenden Welt der Tiere, lachte über Dackel Kunos neueste Streiche und ließ auch die – zum Glück bisher relativ kurze – Lebensgeschichte von Enkeltochter Marie ohne Murren über mich ergehen. Eher schlecht als recht gelang es mir, meine sehnsüchtigen Blicke in Richtung Fleischtheke zu verbergen. Ob die füllige Bedienung mit dem neckischen Häubchen auf dem Kopf wohl wusste, dass ihr Arbeitsplatz das Paradies war?

Endlich verabschiedete sich die Frau.

»Ach, Bettina«, seufzte sie im Gehen, »Sie haben es wirklich gut. Sie haben ja so einen tollen Job! So viel Glück hat schließlich nicht jeder!«

Da war es wieder! Wieso wusste eigentlich jeder außer mir, wie großartig mein Job war? Verstohlen tupfte ich mir etwas Blut von der Hand, dachte an das stinkende Erbrochene in meinem Auto, meinen mittlerweile arg zusammengeschrumpften Feierabend und lächelte tapfer.

»Oh ja!«, bestätigte ich, mühsam die Verzweiflung überspielend. »Ich kann mir gar nicht vorstellen, jemals etwas anderes zu machen!«

Sehr witzig!

oder: Zehn Sätze, die eine Tierarzthelferin
nicht mehr hören kann

Abgesehen von den wohlwollenden Bemerkungen aller Nicht-Praxisangestellten zu meinem traumhaften Job, gibt es jede Menge weiterer Kundenkommentare, die einfach nicht lustig sind. Manch andere dagegen sind tatsächlich ganz witzig – aber auch nur beim ersten Mal! Wenn Sie tagtäglich mit den gleichen mehr oder weniger amüsanten Sprüchen konfrontiert werden, entsteht notgedrungen eine ganz persönliche Hitliste der unerwünschten Kommentare. Hier präsentiere ich Ihnen meine:

1. »Ich wollte nicht die ganze Praxis kaufen!«

Es mag schockierend klingen, aber so eine Tierarztpraxis kostet deutlich mehr als 29,95 Euro. Selbst wenn Sie die Summe auf Ihrer Rechnung also unerhört hoch finden, ist dieser Spruch übertrieben. Und die Tatsache, dass man ihn grob geschätzt 163-mal am Tag hört, macht ihn auch nicht besser!

2. »Das hat er ja noch nie gemacht!«

Hat er nich'? Is' ja komisch! Warum steht dann seit drei Jahren in der Kartei der Kommentar, dass Ihr Hund ein fieser Möpp ist und um sich beißt wie ein tollwütiger Piranha? Sehen Sie der Wahrheit ins Gesicht: Ihr Hund macht zu Hause Kerben in den Türrahmen für jedes Mal, an dem er seine Zähne in unschuldiges Fleisch geschlagen hat. Meine ist die vierte von unten!

3. »Haben Sie schon zu?«

»Schon?« Es ist acht Uhr abends. Ich bin seit halb acht hier. Morgens, versteht sich. Und jetzt muss ich mich wirklich dafür rechtfertigen, dass ich Feierabend mache? Vergessen Sie's! Außerdem habe ich heute Nacht ja auch noch Notdienst. Wenn Sie Lust haben, können wir uns gerne so gegen Mitternacht wieder treffen!

4. »Kostet das jetzt was?«

Ja, so eine tierärztliche Behandlung kostet was. Und die vier Packungen Medikamente, die Sie da in der Hand halten, kosten unerwarteterweise auch was. Wir nehmen für fast alles, das wir für unsere Patienten leisten, Geld. Und von dem Geld leben wir sogar! Aber sagen Sie's nicht weiter. Wenn sich das herumspräche – ein Skandal!

5. »Im Internet steht aber etwas anderes!«

Is' ja toll! Hat das Internet denn auch jahrelang studiert? Behandelt das Internet seit zwanzig Jahren täglich Hunderte von Patienten? Fährt das Internet jedes zweite Wochenende auf teure Fortbildungen, um immer auf dem neuesten Stand zu bleiben? Dann würde ich mir an Ihrer Stelle mal ganz schnell einen Termin im WWW holen. Bei so viel gebündelter Kompetenz!

6. »Aber tun Sie ihm nicht weh!«

… während der Hund mit seinen Zähnen in meinem Arm steckt. Verkehrte Welt! Dass *er mir* wehtut, ist völlig in Ordnung, ja? Ist ja schließlich Berufsrisiko. Und auf die eine Narbe mehr oder weniger kommt es wirklich nicht an. Hauptsache, dem armen kleinen Liebling mit den niedlichen Zähnchen wird kein Haar gekrümmt!

7. »Da krieg ich ja fünf neue für!«

Zugegeben: Wer sich einen Hamster für sechs Euro kauft, bezahlt im Falle einer Erkrankung für die Behandlung schnell ein Vielfaches. Das ist aber erstens nicht meine Schuld und zweitens ziemlich unerheblich, wenn man von dem ideellen Wert des Tierchens ausgeht. Oder ist Ihr Haustier für Sie nur eine animierte Wertanlage?

8. »Da kann nichts passieren, die sind Geschwister.«

Wie sag' ich's bloß? Ich weiß, es ist unvorstellbar, aber das kümmert Katerchen und Kätzchen herzlich wenig! Da sind die hemmungslos! Auch ich denke nur das Beste von unseren Haustieren. Und trotzdem würde ich, wann immer Männlein und Weiblein zusammenleben, eine Kastration der Annahme sittsamer Keuschheit ganz klar vorziehen.

9. »Ich hab's nicht eher geschafft!«

Das sag ich auch immer, wenn ich nachts um elf völlig abgehetzt beim Supermarkt meines Vertrauens vorbeischau. Aber wissen Sie, was das Schlimme ist? Das interessiert keinen! Die machen die Tür einfach nicht auf. Und das, obwohl ich bis eben gearbeitet und nichts zu essen im Schrank habe. Gemeinheit! Tja, so was funktioniert scheinbar nur beim Tierarzt. Da haben die Angestellten sowieso keine Lust auf ein eigenes Privatleben!

10. »Mein Hund mag keine brünetten Frauen!«

Tut mir leid, aber das ist ja wohl sein Problem! Ich werd mir für Ihren Hund sicher nicht die Haare färben. Im Übrigen soll er mich ja auch nicht heiraten, sondern sich einfach nur die Krallen schneiden lassen. Er kann gern die Augen schließen und sich vorstellen, ich wär 'ne Blondine. Oder ist das zu viel verlangt?

Willi, der Wellensittich

oder: Die Spontanheilung

Nun ja. Es gab zumindest viel zu lachen in meinem Job – und auch jede Menge fürs Herz. Besonders schön waren die Fälle, in denen wir wirklich helfen konnten und Tier und Besitzer glücklich von dannen zogen. So wie bei Wellensittich Willi.

Familie Schwabe war besorgt. Seit seinem letzten Freiflug im heimischen Wohnzimmer vor zwei Tagen war Willi nicht gut drauf. Er hockte nur noch auf dem Boden seines Käfigs, rührte sich kaum und hatte kein einziges Körnchen von seinem Futter angerührt. Von dem Moment an, in dem der Vogel nach seinem Ausflug wieder in seinem Bauer saß, war das sonst so fröhliche Tier nicht wiederzuerkennen. Also hatten die beunruhigten Besitzer den Käfig samt Willi ins Auto gepackt und waren in unsere Praxis gekommen. Ich trug sie in die Warteliste ein.

»Ist Willi denn bei seinem Freiflug irgendetwas passiert? Ist er vielleicht irgendwo vorgeflogen oder heruntergefallen? Oder kann er etwas Falsches gefressen haben?«, fragte ich.

Familie Schwabe fiel nichts dergleichen ein. Alles war wie immer gewesen – bis der Wellensittich auf einen Schlag krank geworden war. Auch jetzt saß er reglos auf dem Boden und wirkte äußerst unglücklich. Es war mysteriös.

Ich führte die Patienten in den Behandlungsraum, in dem bereits Tierarzt Thorsten wartete, und legte alle notwendigen Utensilien für eine gründliche Allgemeinuntersuchung bereit. Thorsten lauschte aufmerksam der wenig spektakulären Vorgeschichte. Nachdenklich ließ er seinen Blick zwischen dem bewegungslosen Vogel und dem unberührten Futter hin und her schweifen. Schließlich beugte er sich über den Käfig, um die Klemmen zu lösen, die Ober- und Unterteil der Konstruktion zusammenhielten. Ich trat zu ihm – und traute meinen Augen nicht. Die lange Schwanzfeder des Wellensittichs war zwischen den beiden Käfigteilen eingeklemmt.

Auch der Tierarzt hatte das Problem erkannt. Geschickt öffnete er die Seitenklammer und hob sachte das Oberteil des Vogelbauers an. Willi zog erleichtert seinen Schwanz aus der Ritze, schüttelte sich kurz und stürzte sich ausgehungert auf das Futter. Thorsten und ich grinsten zufrieden – so eine schnelle Heilung gelang uns nicht jeden Tag. Nur die Schwabes wirkten seltsam bedrückt.

»Der arme Kerl!«, stammelte Frau Schwabe beschämt, und damit war alles gesagt.

Willi jedoch war schon wieder ganz munter und knackte gut gelaunt ein Körnchen nach dem anderen.

Neulich im Wartezimmer

oder: Voll ins Fettnäpfchen!

Die Woche, die auf die Willi-Rettung folgte, hielt zwar keine großen medizinischen Dramen für uns bereit, dafür aber so einige zwischenmenschliche! Es zeigte sich nämlich, dass nicht nur Kinder grausam sein können. Vielmehr sind es die wartenden Tierbesitzer, die das Piesacken und Foppen perfektioniert haben! Gemeint sind hier nicht die täglichen Missgeschicke, die bei aller Grausamkeit wohl jedem von uns passieren könnten und denen auch Willi Schwabe zum Opfer gefallen war. Ich rede vielmehr von den vielen kleinen Boshaftigkeiten des Tagesgeschäfts. Ob unbedachte Bemerkung oder gezielte Gehässigkeit: Im Wartezimmer einer Tierarztpraxis spielen sich immer wieder unglaubliche Szenen ab. Für Irritationen sorgen zum Beispiel regelmäßig harmlose Nachfragen zum Aussehen der wartenden Tiere.

»Sind die nicht eigentlich weiß?«, fragte da etwa ein Kunde lautstark die Besitzerin eines Westhighland-Terriers.

Stimmt, Westis sind weiß. Dieser auch. Der war nur völlig verdreckt. Frauchen lief rot an und stammelte etwas vom gerade zurückliegenden Spaziergang. Die dunkle Fellfarbe des Westis stammte allerdings eher aus der Kategorie »Der Dreck eines ganzen Hundelebens«. Das traute sich dann aber doch niemand auszusprechen.

Interessant sind in diesem Zusammenhang auch die taktlosen Äußerungen zur Körperfülle mancher Tiere. Wir Angestellten mussten uns da ja immer um eine gewisse Diplomatie bemühen. Die anderen Herrchen und Frauchen waren diesbezüglich weniger gehemmt – und verkürzten gerne mal allen Anwesenden die Wartezeit mit einem impulsiven »Wow, der ist ja fett!«.

Ganz oben auf meiner persönlichen Hitliste der Wartezimmer-Gemeinheiten rangieren auch »Wächst der noch oder bleibt der so mickrig?«, »Mit anderen Ohren wäre er richtig süß« und »Ach, aufs Aussehen kommt es ja nicht an«. Das hätte mal jemand über meine Katzen sagen sollen! Da werd ich echt zum Tier! Auch die so plump angesprochenen Tierbesitzer reagierten meistens pikiert. Nur alle anderen hatten ihren Spaß. Da muss man als Tierarzthelferin nur noch aufpassen, nicht mit dem lautesten Gelächter aufzufallen. Sonst hat es sich ganz schnell erledigt mit der mühsam erarbeiteten Kundenbindung!

Von Notfällen und anderen Lappalien

oder: Eine Frage der Definition

Wenn es ein Wort gibt, von dessen Bedeutung jeder Mensch eine vollkommen andere Vorstellung zu haben scheint, dann ist das wohl der »Notfall«. Selbst der Duden versteht einen Notfall als »Situation, in der dringend Hilfe benötigt wird«, und ist damit auf der Suche nach einer eindeutigen Definition keine allzu große Unterstützung. Schließlich stellt sich nun wieder die Frage nach der »Dringlichkeit«: Wie dringend muss ein Zustand denn sein, damit er zu einem Notfall wird? Aber lassen wir das. Viel spannender als solche theoretischen Spitzfindigkeiten ist das, was die Menschen im echten Leben daraus machen.

Als Tierarzthelferin in einer Praxis, die an 365 Tagen im Jahr einen eigenen Notdienst anbietet, wird man regelmäßig mit den unterschiedlichsten Interpretationen konfrontiert. Dazu muss man wissen, dass bei uns, ebenso wie in vielen anderen Praxen, niemand regulär vor Ort auf mögliche Notfälle wartet, sondern jeder Einsatz zusätzliche Arbeit bedeutet. Das heißt auch, dass man nach einer komplett durchgearbeiteten Nacht trotzdem morgens um halb acht zur nächsten Schicht antritt. Da ist es vielleicht nachvollziehbar, dass man sich um eine gewisse Selektion »echter« Notfälle bemüht. Natürlich können auch Situationen, die nicht lebensbedrohlich sind, durchaus dringend sein. In diesem Sinne hatte ich mir schnell angewöhnt, einen Notfall großzügig als »Zustand, der nicht bis morgen warten kann oder sollte« auszulegen. Dabei ist es in vielen Fällen tatsächlich gar nicht so einfach, diese Tatsache am Telefon einzuschätzen. Das Einzige, was ziemlich schnell deutlich wird, ist die Unterscheidung der Anrufer nach Besitzern, die zumindest ernsthaft von der Dringlichkeit der Situation überzeugt sind – und solchen, denen so ein nächtlicher Besuch einfach besser in den Terminplan passt. Und davon gibt es jede Menge.

Einige besonders ehrliche – oder dreiste? – Tierbesitzer machen erst gar keinen Hehl aus ihren Absichten. So wie die Hundebesitzerin, die im Sommer grundsätzlich erst nach 22 Uhr zum Tierarzt ging. Um die Uhrzeit sei es immer so angenehm kühl! Und außerdem ist im Notdienst die Wartezeit kürzer. Wenn einen also die höheren Preise nicht stören, sind nachts und am Wochenende die perfekten Zeiten, um mal wieder Bellos Blutwerte kontrollieren zu lassen.

Ein echter Geheimtipp ist übrigens der Besuch an Heiligabend gegen 18 Uhr oder Silvester um Schlag Mitternacht. So ein wunderbar leeres Wartezimmer haben Sie noch nicht gesehen! Und wenn man sowieso gerade nichts Besseres vorhat …

Besonders rücksichtsvolle Kunden kündigen ihre »Notfälle« gerne schon ein paar Tage vorher an. Einer unserer Stammkunden etwa rief in der Regel freitags an, um sich für Sonntagabend vormerken zu lassen. Auf den Hinweis, dass der Notdienst kurioserweise ausschließlich für Notfälle gedacht war, bekam man stets dieselbe ausgeklügelte Antwort: »Och, bis dahin ist es ein Notfall!«

Leider hatten wir die klare Vorgabe, niemanden abzuweisen, der den Notdienst in Anspruch nehmen wollte. Aber ich sage Ihnen eins: Freunde macht man sich so nicht! Das hatten wohl auch all die Besitzer verstanden, die zumindest vorgaben, hochgradig besorgt um ihr Tier zu sein. Meistens waren das beispielsweise die bereits erwähnten Lahmheiten, die seit drei Wochen bestanden. Heute Nacht humpelte Hasso aber plötzlich so schlimm, dass man sofort kommen musste. Oder es ging um die Katze, die seit fünf Tagen Durchfall hatte. Jetzt machte man sich dann doch langsam Sorgen – und wollte selbstverständlich umgehend Hilfe für das arme Tier.

Wehe, die Tierarzthelferin ist in solchen Fällen mutig genug, einen Termin für den nächsten Morgen anzubieten! Noch eine Nacht überlebt das Tierchen nicht! Ich will es ja gar nicht abstreiten: Wenn man nur lange genug wartet, wird tatsächlich aus fast jeder Erkrankung irgendwann mal ein Notfall. Wer allerdings auf Verständnis oder sogar Mitleid hofft, hat mit einem etwas akuteren Geschehen ganz klar die Nase vorn! Und natürlich mit echter Sorge, die sich meiner Ansicht nach in vollendeter Kooperation äußern sollte.

Ich erzähle Ihnen mal, wie man es eher nicht machen sollte. Gar nicht gut macht sich zum Beispiel ein nächtlicher, an Hysterie grenzender Anruf, sofern man nicht bereit ist, auch sofort in die Praxis zu kommen. Mit Argumenten wie »Ich habe gerade Besuch, kann ich nicht in zwei Stunden kommen?« oder »Ich muss nur gerade erst meine Haare färben und unter die Dusche« erweckt man nicht gerade den Anschein, als wäre einem die Sache wirklich wichtig. Dasselbe gilt für Besitzer, die mit der Vorstellung ihres ach so akuten Notfalls erst auf den richtigen Garpunkt des Sonntagsbratens warten müssen: »Der muss in einer Stunde raus, sonst wird der ganz trocken. Dann essen wir noch schnell, und bis ich dann abgeräumt habe …« Hallo? Klingt das für Sie nach einem Notfall? Hört sich das für Sie so dringend an, dass Sie mit der größten Selbstverständlichkeit Ihren eigenen Sonntagsbraten bis zur Unkenntlichkeit im Ofen verbrennen lassen, nur um für diesen Tierbesitzer möglichst schnell zur Stelle zu sein?

Ich hatte damit ehrlich gesagt manchmal meine Schwierigkeiten. Wenn *ich* mir ernsthafte Sorgen um meine Kätzchen mache und mir meine Tierarztpraxis sagt, ich soll sofort kommen, dann kann mich kein Braten dieser Welt davon abhalten! Dann schmeiße ich jeden Besuch raus und spurte ungeduscht und mit ungeputzten Zähnen ins Auto. Und wenn ich keins habe, dann nehme ich mir ein Taxi, klingel meinen wildfremden Nachbarn aus dem Bett oder schnall mir meine Inliner unter, um möglichst schnell Hilfe für mein krankes Tier zu bekommen.

Letztendlich ist das vielleicht die einzige Möglichkeit, einen wirklichen Notfall auszumachen. Ich werde Herrn Duden bitten, seine Definition wie folgt zu ergänzen: »Ein Notfall ist eine – idealerweise wenigstens ansatzweise akute – Situation, in der so dringend Hilfe benötigt wird, dass man dafür sogar seinen Sonntagsbraten opfern würde.«

Hundum gesund

oder: Ein anspruchsvoller Patient

Ich würde es also tun: das Mittagessen opfern, damit es meiner Katze gut geht. Und Sie? Sind Sie auch einer dieser Menschen, die sich um ihr Tier viel besser kümmern als um sich selbst? Dann gehören Sie zu der großen Mehrheit der Haustierbesitzer und kennen das sicher: Während es für Sie wieder nur Tiefkühlpizza gibt, bekommt der Hund leckere selbstgekochte Schonkost. Wenn die Katze schläft, darf nicht staubgesaugt werden. Und das einzige Sofakissen kriegt natürlich der Hund – der soll's schließlich bequem haben! So ist das nun mal mit unseren Haustieren. Dafür sind sie allerdings all unseren Eigenarten schutzlos ausgeliefert. So wie der Hund, der sich, wie sein Herrchen auch, streng vegetarisch ernährte. Vollkommen freiwillig, aus persönlicher Überzeugung, versteht sich. Oder ein anderer spezieller Hund, dessen Fress- und Lebensgewohnheiten wir in der Praxis hautnah erleben durften.

Besagter Hund war ein Dobermann. Er hieß Joker, wirkte zunächst wie ein ganz normaler Hund und gehörte einem Heilpraktiker aus der Umgebung. Ich weiß gar nicht mehr, woran Joker genau litt – auf jeden Fall war er krank und sollte zur Beobachtung ein paar Tage auf unserer Krankenstation verbringen. Herrchen war nicht wohl bei der Sache. Natürlich nicht. Wer lässt schon gerne ein Familienmitglied alleine in der furchteinflößenden Tierarztpraxis zurück? Aber den Heilpraktiker plagten noch andere Bedenken, die über die normalen Sorgen hinausgingen. Sein Hund sei furchtbar empfindlich, verriet er mir. Ob es in Ordnung wäre, wenn er ihm ein paar Sachen von zu Hause bringen würde. Wichtig war vor allem etwas Futter, denn der Dobermann bekam nur selbstgekochtes Diätessen.

»Natürlich«, sagte ich, »kein Problem!«

Der Besitzer fuhr also nach Hause, und Hund Joker ließ sich von mir auf die Station bringen. Ich spendierte ihm eine extra flauschige Kuscheldecke und einen großen Wassernapf und ließ ihn erst mal allein. Kurze Zeit später war Herrchen wieder da – mit seinem halben Haushalt und genauesten Instruktionen. Als Erstes drückte er mir eine Decke in die Hand.

»Oh, schön«, lobte ich, »dann hat er etwas, das nach zu Hause riecht.«

»Nein, nein!«, widersprach der Heilpraktiker. »Er verträgt nichts anderes. Von allen anderen Stoffen bekommt er sofort schlimmen Juckreiz.«

»Ach so«, sagte ich gelassen und setzte mein bestes Pokerface auf.

Ach du scheiße!, dachte ich angesichts der großen synthetischen Schmusedecke, die ich auf den armen Joker losgelassen hatte. Hoffentlich musste er sich nicht schon kratzen! Ich hatte es doch nur gut gemeint. Dass der aber auch so empfindlich war!

Und es ging noch weiter. Joker bekam seine schadstofffreien Näpfe, biologisch abbaubares Spielzeug und sein Flauschhalsband für die Nacht. Richtig. Der Hund hatte ein spezielles Schlafhalsband.

»Ich kann ihm sein Halsband auch einfach abmachen, wenn ihn das stört«, bot ich an. Der Vorschlag wurde dankend abgelehnt. Joker brauchte sein Flauschhalsband. Sonst konnte er nicht schlafen. Und das wollte ja wirklich niemand! Ich nahm also das lebensnotwendige Spezialhalsband in Empfang und wandte mich den restlichen Mitbringseln zu. Eine große Flasche Wasser war das Nächste, das der Hundebesitzer mir überreichte.

»Ach, Wasser haben wir genug!«, witzelte ich. Dem Heilpraktiker war jedoch nicht nach Scherzen zumute.

»Das ist spezielles Quellwasser von einer Quelle in unserem Wald. Etwas anderes trinkt mein Hund nicht!«

Ach so. Das Wasser in Jokers nur noch halbvollem Napf auf unserer Krankenstation war also einfach verdunstet, ja? Quellwasser! Durfte wahrscheinlich nur bei Vollmond abgefüllt werden. Von einer Jungfrau. Die vorher mit der Flasche dreimal im Uhrzeigersinn um die Quelle herumgelaufen war. Sonst wirkte das bestimmt nicht.

Zuletzt bekam ich das Futter für den Hund. Eine kleine Schüssel mit einer superlecker aussehenden Mischung aus

Hühnchen, Reis und Gemüse. Ich dachte an mein eigenes Abendbrot, das aus einem nicht mehr wirklich frischen Brötchen bestehen würde. Einer »Gummi-Ente«, wie mein Freund so etwas nannte. Schon schön, so ein Hundeleben. Aber ich würde mich beherrschen: Die liebevoll zubereitete Mahlzeit war nun einmal nicht für mich bestimmt. Abgesehen davon ließ die Portionsgröße zu wünschen übrig. Das würde wirklich nur für eine Mahlzeit reichen.

»Bringen Sie uns für morgen auch noch frisches Essen?«, fragte ich also, und Herrchen nickte.

»Kochen Sie doch ruhig gleich etwas mehr und wir frieren es portionsweise ein. Dann müssen Sie nicht so oft fahren«, schlug ich vor. Fassungslos rang der gesundheitsbewusste Hundebesitzer nach Luft. Einfrieren? Das Essen für seinen Hund? Unvorstellbar! Da gehen ja die ganzen Vitamine kaputt! Grundsätzlich hatte er damit nicht einmal unrecht. Aber so etwas Korrektes erlebte man wirklich nicht oft. Es soll ja sogar Leute geben, die ihre Tiere mit Dosenfraß ernähren! Grausam, oder?

Wie auch immer: Joker sollte sein Essen also frisch zubereitet bekommen. Was bedeutete, dass seine Besitzer für die nächsten Tage einen regelmäßigen Shuttle-Service einrichten würden. Auch gut. Ich nahm die Kiste mit den ökologisch unbedenklichen Hundesachen und verabschiedete mich. Die nächsten Minuten verbrachte ich damit, die Box des Dobermanns den Anweisungen entsprechend in das perfekt ausgestattete, absolut gefahrenfreie Genesungslager zu verwandeln, das Herrchen sich für seinen empfindlichen Hund wünschte. Joker sah mir interessiert zu und ließ die ganze Aktion geduldig über sich ergehen. Man sah es ihm an: Er fühlte sich schon ganz wie zu Hause.

Am nächsten Morgen war ich gerade im Labor hinter der Anmeldung beschäftigt, als der Besitzer die nächste Portion frisch gekochtes Futter brachte. Meine Kollegin Natalie nahm das Menü in Empfang und beruhigte den besorgten Heilpraktiker: Ja, Joker hatte die Nacht gut überstanden. Nein, er hatte keinen Schluckauf vor Aufregung bekommen. Ja, er hatte sein Futter gefressen und gut vertragen. Herrchen war zufrieden und wandte sich zum Gehen, als ihm noch etwas einfiel.

»Ach du Schreck!«, sagte er. »Das habe ich Ihrer Kollegin gestern gar nicht gesagt. Joker bekommt sein Essen immer auf Körpertemperatur aufgewärmt. Sonst kriegt er sofort Bauchschmerzen!«

»Kein Problem«, versprach Natalie, »ich stelle es ihm kurz in die Mikrowelle.«

Durch die angelehnte Tür hörte ich den Besitzer japsen.

Mensch, Natalie! Doch nicht in die Mikrowelle! Von wegen Strahlen und so! Wie kannst du nur auf so eine absurde Idee kommen!, dachte ich und blinzelte unauffällig durch den Türschlitz. Und richtig. Der Heilpraktiker sah aus, als würde er jeden Moment auf die Station stürmen und seinen geschundenen Hund aus unseren Fängen befreien. Schließlich entschied er sich aber offenbar dagegen und beließ es bei einem entrüsteten Widerpruch: »Bloß nicht in die Mikrowelle! Wissen Sie, wie ungesund das ist?«

»Ach so«, antwortete Natalie kleinlaut, »dann stelle ich es kurz in den Ofen.«

Ihr Gegenüber wirkte zufrieden und verabschiedete sich. Ich verließ mein Versteck im Labor und gesellte mich zu meiner Kollegin, die gerade dabei war, das leckere Essen zu inspizieren.

»Weißt du, was ich jetzt mache?«, fragte sie mit einem bösen Grinsen. »Ich geh jetzt hoch und mach mir meinen Pizzarest von gestern warm. In der Mikrowelle. Ich liebe die Gefahr!«

»Au ja!«, sagte ich und begleitete sie in die Teeküche. »Und weißt du, was wir dazu trinken? Ein großes Glas Wasser. Direkt aus der Leitung!«

Natalie heuchelte pures Entsetzen über so viel Kühnheit.

»Jetzt übertreibst du aber!«, wies sie mich zurecht. »Und dann wunderst du dich, wenn du bald im Dunkeln leuchtest!«

Kichernd teilten wir uns die matschige Pizza und fühlten uns wie ungezogene Kinder, die mit vollem Wissen etwas Verbotenes tun. Es war ein tolles Gefühl!

Das starke Geschlecht

oder: Warum der Tierarztbesuch Frauensache ist

Ich bin kein Freund von Klischees. Wenngleich ich manchmal durchaus verstehe, wie sie zustande kommen, glaube ich fest daran, dass es irgendwo auf dieser Welt auch Heilpraktiker gibt, die ihr Essen in der Mikrowelle aufwärmen. Oder Frauen, die keine Schokolade mögen. Oder Männer, die multitaskingfähig sind. Obwohl – das nun vielleicht doch nicht gerade …

Aber mal im Ernst: Ich habe einen Partner, der gerne kocht, einen guten Freund, der – im Gegensatz zu seiner schweigsamen Frau – selbst im Schlaf noch nicht aufhört zu quatschen, und ich selbst kann ziemlich gut einparken. Diese ganze »Typisch-Frau-typisch-Mann«-Geschichte sollte also besser nicht überbewertet werden. Und doch gibt es Situationen, in denen auch ich mich zu einem genervten »Typisch Mann!« hinreißen lasse. In der Praxis waren das immer wieder die Momente, in denen sich das starke Geschlecht eindeutig von seiner schwachen Seite zeigte.

Wer schon einmal eine Kleintierpraxis von innen gesehen hat, dem ist es wahrscheinlich sofort aufgefallen: Hier arbeiten nicht nur fast ausschließlich Frauen – auch im Wartezimmer sind die Herren der Schöpfung ganz klar Mangelware. Am Anfang dachte ich, das käme einfach daher, dass die armen Männer alle arbeiten müssen, während ihre Frauen Kind, Haus und Hund versorgen. Im Laufe der Jahre jedoch lernte ich den wahren Grund kennen: Männer sind zu weich für die Tierarztpraxis. Das wollen Sie sicher nicht hören, liebe Männer, aber seien Sie mal ehrlich: Wer geht in Ihrer Familie mit dem Tier zum Arzt? Wer wischt das Erbrochene weg, wenn der Vierbeiner mal krank ist? Und wer lässt sich jeden Morgen bei der Verabreichung der Herztabletten von Hasso in die Hand beißen? Das sind doch wir Frauen! Dabei haben wir uns nicht darum gerissen, ständig die blöden Hosen anzuhaben, wenn es um solche unangenehmen Aufgaben geht. Aber einer muss ja in den sauren Apfel beißen. Und das ist naturgemäß meistens der- oder besser diejenige, die nicht gleich beim Anblick eines winzigen Blutstropfens in Ohnmacht fällt.

Männer gehen also nur selten mit ihren Haustieren zum Arzt. Wenn man dann doch mal einen Mann im Wartezimmer entdeckt, weiß man gleich: Das kann spannend werden. Und in der Regel wird man nicht enttäuscht. Besonders aufregend ist die Kombination »Mann und bissiger Hund«. Denn der gemeine Durchschnittsmann kann keine Hunde festhalten. Der eine hat Angst, seinem armen Hund wehzutun, der andere fürchtet um seine eigene Gesundheit. In beiden Fällen bemerken Sie das meistens jedoch erst dann, wenn der Mann im entscheidenden Moment seine Hände in Sicherheit bringt und die sorglose Tierarzthelferin sich plötzlich ungeschützt mit den riesigen Fängen seiner Bestie konfrontiert sieht. Die Rede ist, nur damit Sie mich richtig verstehen, natürlich von genau dem Mann, der gerade noch selbstbewusst jede Hilfe abgelehnt hat und seinen Hund unbedingt ganz alleine festhalten wollte. So viel dazu.

Schöner und zumindest für die Angestellten nicht ganz so gefährlich ist die Version »Einen echten Mann kann nichts umhauen«. Die Ausgangssituation ist dieselbe: Natürlich möchte der Mann bei der Behandlung dabei sein. Natürlich kann er

Blut sehen. Und selbst wenn er Ihnen schließlich beim Blutabnehmen stumpf neben seinem Hund umgekippt ist, lag es natürlich auf keinen Fall am Blut. Vielleicht war er einfach nur müde. Vielleicht war er auch gar nicht ohnmächtig, sondern hat nur etwas auf dem Boden gesucht. Was auch immer der Mann sich einfallen lässt: Er wird sich und allen Anwesenden niemals eingestehen, dass er eventuell doch lieber draußen hätte warten sollen. Sie ahnen ja nicht, wie oft wir diese Prozedur schon durchgemacht haben. Besonders schlimm sind übrigens solche Männer, die aufgrund ihres Berufs, ihres Hobbys oder auch ihres Aussehens ganz besonders männlich wirken. Polizisten zum Beispiel, oder Jäger.

Ich kannte mal einen Waidmann, der beinahe mehr Zeit auf unserem Fußboden verbrachte als in unserem Wartezimmer. Selbstverständlich hatte er dafür immer eine sehr einleuchtende Erklärung. Und lernte einfach nicht dazu. Immer wieder wollte er bei allen Behandlungen dabei sein – und das, obwohl ihm schon beim Krallenschneiden der Schweiß ausbrach.

»Ganz schön warm hier!«, sagte er dann und versuchte, unauffällig die dicken Tropfen von seiner Stirn zu wischen.

»Ja-ha«, bestätigten wir höflich, um ihn nicht in Verlegenheit zu bringen. Warm war es natürlich überhaupt nicht.

»Ich bringe mal gerade meine Jacke ins Auto. Das ist mir hier echt zu warm!«, stammelte der Jäger mit letzter Kraft und schaffte es gerade noch bis auf die Bank vor unserer Eingangstür. Hatte aber nichts mit der Behandlung zu tun! Das war einfach nur diese verflixte Wärme. Oder die Kälte. Oder der Heuschnupfen. Oder weiß Gott was.

Ein ganz besonderes Thema sind im Übrigen auch Männer und ihre Rüden. Zum Beispiel, wenn es um die Kastration geht. Frauen wollen in dieser Sache meistens alles genau wissen –

was wird entfernt und warum, wie sieht das nachher aus, das ganze Programm eben. Männer dagegen ertragen den Gedanken an Blut, offene Bäuche und Ähnliches ja sowieso schon mal kaum. Wenn es dann noch um die männlichen Geschlechtsteile geht, ist der Mann meist schnell mit seiner Kraft am Ende. Mitleid blitzt in seinen Augen, das blanke Entsetzen im Angesicht solcher Grausamkeit. Als ginge es um seine eigene, wertvolle Männlichkeit und seine eigenen, unmenschlichen Schmerzen. Und wenn ein Rüde schon kastriert werden muss, dann braucht er nachher aber auf jeden Fall ein paar hochmoderne Hodenimplantate. Damit der noch immer aussieht wie ein echter Mann und keine Komplexe bekommt! Kein Witz – um solche Dinge sorgen sich die männlichen Besitzer! Wer da wohl die Komplexe mit der Männlichkeit hat?

Doch selbst in harmloseren Angelegenheiten tut sich der moderne Mann oft erschreckend schwer mit dem eigenen Geschlecht. Wenn da mal irgendetwas in eben dieser Region nicht stimmt bei seinem Haustier, merkt die erfahrene Tierarzthelferin das in der Regel daran, dass der Mann plötzlich in Rätseln spricht.

»Der hat da was, da unten, Sie wissen schon!«, ist in etwa die genaueste Beschreibung, die Sie in einem solchen Fall erwarten dürfen.

»Am Penis, meinen Sie?«, fragte ich zur Sicherheit immer nochmal nach und freute mich regelmäßig über die schockierten Männergesichter. Ja, so heißt das halt. Was ist denn so schlimm an diesem harmlosen Wort?

Die einzigen Ausnahmen bilden nur die männlichen Tierärzte, die in dieser Hinsicht tatsächlich so gar nicht meinem Bild vom Durchschnittsmann entsprechen. Besonders gerne erinnere ich mich an einen Tierarzt, der von Zeit zu Zeit in unserer Praxis aushalf. Eines Tages erzählte ihm eine Patientin besorgt, sie habe bei ihrem Rüden eine Veränderung in einem der Hoden gefühlt. Beherzt griff besagter Tierarzt dem Hund zwischen die Beine und schüttelte beruhigend den Kopf.

»Nee, das ist nichts«, sagte er, »fühlt sich genauso an wie bei mir!«

Die Frau lief augenblicklich rot an und wechselte das Thema. Ich selbst schaffte es gerade noch auf den Flur, wo ich lachte, bis mir die Tränen kamen.

Populäre Irrtümer

oder: So schlau ist keine Sau!

Bei dieser ganzen Mann-Frau-Sache frage ich mich immer wieder, wie das wohl bei den Tieren ist. Als stolze Besitzerin einer Katzendame und eines Katzenmannes beobachte ich durchaus gewisse Unterschiede, die ich gerne als geschlechtsspezifisch abtue. Mein Kätzchen zum Beispiel ist unglaublich gesprächig, total verschmust und wahnsinnig sensibel. Darüber hinaus sieht sie immer aus wie aus dem Ei gepellt – selbst dann, wenn sie gerade dabei ist, ihren Bruder zu verdreschen. Der Kater dagegen ist ein echter Kerl: macht ständig einen auf dicke Hose und ist der Erste, der sich aus dem Staub macht, wenn's brenzlig wird.

Eine Aussage, die ich indessen voll unterschreibe, trifft aber auf beide Geschlechter zu: Tiere sind clever. Immer wieder wundert man sich, wie schnell sie gewisse Dinge raushaben. Besonders, wenn es darum geht, an eine Extraportion Fressen, Streicheleinheiten oder den besten Platz auf dem Sofa zu kommen. Häufig wissen oder bemerken unsere Haustiere Details, mit denen sie uns in Erstaunen versetzen. Manche Besitzer verfallen deshalb in ein geradezu grenzenloses Vertrauen ihren Lieblingen gegenüber. Doch Vorsicht: So ein Tier ist kein Einstein und auch kein David Copperfield. Bei aller Intelligenz bleiben Sie als Besitzer gefragt, wenn es darum geht, Ihr Tier vor fatalen Fehlern zu bewahren.

Eine antiautoritäre Erziehung ist bei Haustieren also fehl am Platz. Tiere brauchen Regeln und Führung. Nicht zuletzt deshalb, weil sie sich sonst ständig völlig unbekümmert in die tödlichsten Gefahren begeben. Im Gespräch mit den Herrchen und Frauchen unserer Patienten sorgte diese Einstellung allerdings immer mal wieder für Unmut.

»Tiere wissen selbst am besten, was gut für sie ist«, lautet die einhellige Meinung. Wie unsympathisch also, wenn wir Menschen uns ständig in die Entscheidungen unserer Lieblinge einmischen! Und wie sie das in der Entwicklung ihrer Persönlichkeit einschränkt!

Die wissen schon, was gut für sie ist? Genau! Rattengift zum Beispiel. Und Stecknadeln essen. Oder Schokokugeln samt Verpackung, Frauchens Pille, Glasscherben, Socken und Angelhaken. Richtig gut für so ein Tier sind auch kochend heiße Bratwürste, direkt aus der Pfanne verschlungen. Außerdem ein Klassiker: der Körperkontakt mit einem fahrenden Auto. Jeden Tag werden Sie in der Tierarztpraxis mit solchen und noch viel schlimmeren Fällen konfrontiert. Ich deute solche Unglücksfälle mal frei als krasse Fehlentscheidungen unserer eigentlich wirklich schlauen Haustiere. Aber stimmt schon – die wissen genau, was gut für sie ist! Fast schon unheimlich, oder?

Die Knoblauch-Kur

oder: Natürlich gut

Bei aller Schlauheit unserer Tiere sind wir als Besitzer also besonders dann gefragt, wenn es um die Gesundheit geht. Aber wie in jedem Lebensbereich sind auch hier die Meinungen so mannigfaltig wie das Leben selbst.

Es muss nicht immer gleich ein Antibiotikum sein. Stimmt. Aber wenn so ein Tierchen erst einmal mit Schnappatmung auf der Seite liegt, tendiere ich persönlich doch eher zu härteren Geschützen. Chemische Keule hin oder her: Manchmal kommt man nicht drum herum, den Wundern der Natur etwas nachzuhelfen. Das ist zumindest meine bescheidene Meinung. Manche Patientenbesitzer sehen das allerdings anders.

Ich denke da im Speziellen an einen Kunden, der lustigerweise Herr Lustig hieß. Manchmal stellte ich mir vor, wie er in einer Latzhose vor seinem bunten Bauwagen einen frischen Löwenzahnsalat zubereitete, und fand ihn schon alleine deshalb sehr sympathisch. Noch lustiger an Herrn Lustig war aber, dass er meine Art von Humor teilte – und das passierte mir ehrlich gesagt nicht allzu oft. Dieser Kunde war herrlich sarkastisch, staubtrocken und auf eine äußerst liebenswerte Weise hundsgemein. Regelmäßig lieferten wir uns wahre Wortgefechte und konnten nachher wahrscheinlich beide nicht mehr sagen, wer eigentlich wen veräppelt hatte.

Herr Lustig besaß nicht nur mehrere Kaninchen, mit denen er sich bestimmt ständig um den Löwenzahn stritt, sondern auch einen Hund. Und da Herrchen sehr naturverbunden und Hund Ferdi sein Ein und Alles war, verzichteten beide weitgehend auf Chemie. Auch in der Flohsaison.

An einem schönen Sommertag besuchten uns Ferdi und Herr Lustig in der Sprechstunde. Schon bevor ich sie sah, hatte ich sie gerochen. Nie zuvor hatte ich einen derart penetranten Knoblauchgeruch in der Nase gehabt. Ich verkniff mir jeden Kommentar und begrüßte den Hundebesitzer. Dann war Ferdi an der Reihe, der mich freudestrahlend anwedelte und mir einen nassen Schmatzer auf die Wange drückte. Ich fiel fast hintenüber. Der Gestank kam nicht vom Herrchen, sondern vom Hund!

»Mein Gott, Ferdi, hast du dich in etwas Totem gewälzt?«, rutschte es mir heraus. Verlegen erklärte mir sein Besitzer den Grund für den üblen Geruch. Es war schließlich Hochsaison für Zecken und Flöhe. Und weil die ganzen wirksamen Mittelchen gegen diese fiesen Genossen nun einmal echte Chemiekeulen waren, hatte man sich im Hause Lustig lieber auf ein altes Hausmittel besonnen. Seit Wochen schon bekam Ferdi jeden Tag eine ordentliche Portion Knoblauch ins selbstgekochte Futter. Für einen flüchtigen Moment glaubte ich, im Blick des Hundes bei der Erwähnung des Wortes Knoblauch so etwas wie Verzweiflung aufblitzen zu sehen.

Wenn ich so stinken würde, wär ich auch verzweifelt!, dachte ich.

»Hilft das denn?«, fragte ich skeptisch und rückte unauffällig so weit wie nur möglich von dem Hund ab.

»Na klar!«, beteuerte Herr Lustig. »Ich habe den ganzen Sommer noch keine Probleme mit Flöhen gehabt.«

»Toll«, feixte ich. »Sie müssen zwar im Sauerstoffzelt schlafen, aber wenigstens hat der Hund keine Flöhe.«

»Eben«, bestätigte der Mann, ohne auf meinen Spott einzugehen.

»Was können wir denn für Sie tun?«, fragte ich ihn – und bekam völlig unerwartet neues Futter für meine Sticheleien. Ferdi kratzte sich. Ein stinkender, völlig ohne Flohschutz belassener Hund, der sich mitten im Sommer kratzt wie Bolle. Wenn sich da mal nicht ein ganz bestimmter Verdacht aufdrängte …

»So, so«, betonte ich vielsagend. »Aber der Knoblauch hilft echt super, ja?«

Krampfhaft versuchte Herr Lustig, seine Unsicherheit zu verbergen.

»Na ja, das Kratzen kann ja viele Ursachen haben, oder?«, fragte er. Ich war überzeugt, einen leicht flehenden Unterton wahrzunehmen.

»Das stimmt«, bestätigte ich und griff nach dem Flohkamm. Ferdi schmiegte sich bereitwillig an mich und bedachte mich glücklich mit einem Schwall Knoblauchduft. Routiniert fuhr ich mit dem Kamm durch sein seidiges Fell – und freute mich wie eine Schneekönigin über den Flohkot, den ich dabei zutage förderte. Auch Ferdi freute sich, obwohl ihm die Tragweite meiner Entdeckung sicherlich nicht bewusst war. Triumphierend präsentierte ich dem Besitzer meinen sensationellen Fund.

»Aber mit dem Knoblauch sind Sie sich ganz sicher?«, legte ich meinen Finger in die Wunde.

»Oje!«, antwortete Herr Lustig kleinlaut. »Was soll ich denn jetzt machen? Sie wissen ja, ich möchte nach Möglichkeit keine Chemie verwenden.«

»Och«, sagte ich ironisch. »Sie können die Flöhe einzeln absammeln und im Wald aussetzen.«

»Gute Idee«, bestätigte der Hundebesitzer grinsend und zeigte mir einmal mehr, warum ich ihn so mochte. »Mit Augenbinde! Damit sie den Weg zurück nicht finden.«

Lachend gaben wir uns dem herrlichen Bild der Flöhe hin, die blinzelnd ihre winzigen Augenbinden abnahmen und sich mitten im tiefsten Wald wiederfanden. Das war vielleicht ein Schock! Aber wenigstens roch es hier nicht so unangenehm wie bei den Lustigs!

»Jetzt mal im Ernst«, unterbrach Herrchen schließlich unsere Tagträume. »Haben Sie eine Idee?«

Ich empfahl ihm ein pflanzliches Präparat auf der Basis von Kokosöl, von dem ich viel Gutes gehört hatte. Wenn das nicht half, konnten wir immer noch schwerere Geschütze auffahren. Die Bemerkung: »Das riecht auch sehr angenehm!«, konnte ich mir natürlich nicht verkneifen.

»Haha!«, kommentierte Ferdis Besitzer grinsend und war schon fast an der Tür, als mir ein weiterer toller Gedanke kam.

»Sie können dem Hund auch ausnahmsweise etwas Milch geben«, schlug ich vor.

»Und das hilft?«, fragte Herr Lustig misstrauisch.

»Glaub ich nicht«, antwortete ich trocken. »Aber Milch soll Knoblauchgeruch neutralisieren.«

Schnapsideen und Geistesblitze

oder: Ein schmaler Grat

Ob Knoblauch, Milch oder Lebendfallen für Flöhe: Not macht bekanntlich erfinderisch. Unwissenheit offensichtlich auch. Von Langeweile mal ganz zu schweigen. Es ist immer wieder erstaunlich, auf welche Ideen die Tierbesitzer so kommen, wobei die Grenzen zwischen Spaß, Dummheit und Tierquälerei leider manchmal verschwimmen. Eines weiß ich seit meiner Zeit in der Tierarztpraxis ganz sicher: Es gibt sehr wohl blöde Fragen – und nicht nur blöde Antworten!

Ein gar nicht so unbedeutender Teil der Anfragen in einer Tierarztpraxis kommt zum Beispiel durch Kunden zustande, die sich eine einfache medizinische Lösung für ein eigentlich keineswegs medizinisches Problem erhoffen. So wie die stetig wiederkehrende Frage nach den Operationsmöglichkeiten bei kläffenden Hunden.

»Können Sie meinem Hund nicht einfach die Stimmbänder durchtrennen?«, fragten die Besitzer, als wäre das die natürlichste Vorgehensweise der Welt.

Als ich das erste Mal mit einer Anfrage dieser Art konfrontiert wurde, glaubte ich noch an einen Witz und lachte artig. Sehr zum Ärger der Hundebesitzer, die sich von ihrem medizinischen Fachpersonal offenbar mehr Professionalität erhofft hatten. Später wusste ich: Die meinen das ernst! Und kommen nicht einmal darauf, wie absurd die Frage ist. Ganz zu schweigen vom Tierschutzgedanken. Wie wäre es denn mal mit etwas

Erziehung? Schon mal dran gedacht? Es gab Zeiten, da war das selbstverständlich. Aber ich versteh schon: So eine OP ist viel unkomplizierter. Da bringt man morgens seinen unerzogenen Hund hin, und wenn man ihn abends wieder abholt, ist er genau so, wie man ihn immer wollte. Stumm wie ein Fisch. Total angenehm. Nie wieder Ärger mit den Nachbarn. Und nie wieder nachts geweckt werden, weil der Hund meint, einen Einbrecher gehört zu haben. Das ist schon eine tolle Sache. Und mal ganz ehrlich: So viel Sinnvolles hatte der Hund ja sowieso noch nie zu erzählen. Also, wozu braucht der eine Stimme?

Und wenn er dann ja ohnehin operiert wird, könnte man gleich noch überlegen, ein paar weitere Korrekturen vorzunehmen. In einem Abwasch, sozusagen. Was ja auch echt nervt, ist zum Beispiel das ständige Gassigehen. Da könnte man doch bestimmt die Blase vergrößern, sodass man nicht mehr so oft mit dem Hund rausmuss. Nur noch einmal die Woche oder so. Klasse Idee, oder? Dass noch niemand vor mir darauf gekommen ist! Aber zurück zur Realität.

Ich versuchte also, den enttäuschten Besitzern zu erklären, dass das Durchtrennen der Stimmbänder ganz sicher nicht die richtige Lösung ist. Stattdessen empfahl ich tolle Bücher zur Hundeerziehung und ein paar sehr erfolgreiche Hundetrainer im näheren Umkreis. Die meisten der Kunden reagierten ungehalten.

»Dann suche ich mir eben einen anderen Tierarzt!«, entgegneten sie trotzig. »Wenn Sie das nicht nötig haben!«

Nein, danke. Das hatten wir glücklicherweise tatsächlich nicht nötig.

Eine ähnlich gute Idee hatte Frau Köhler, die ebenfalls eine OP für ihren eigentlich gesunden Hund anstrebte. Frau Köhler war eine ältere, sehr korpulente Dame, die niemals ohne kunstvoll toupierte Haare und eine atemberaubende Parfumwolke aus dem Haus ging. Ich fragte mich immer, wie sie sich wohl zu einer Hochzeitsfeier aufstylte, wenn sie beim Tierarztbesuch schon nach Gala aussah. Leider sollte ich das nie erfahren.

Auf jeden Fall besaß Frau Köhler eine Labradorhündin, die im Laufe der Jahre mindestens genauso korpulent geworden war wie ihre Besitzerin. Bei jedem Besuch wiesen wir sie aufs Neue darauf hin, dass Lisa dringend abnehmen musste.

»Ich weiß«, antwortete sie schuldbewusst, »aber sie frisst doch so gerne! Können Sie ihr nicht einfach den Magen verkleinern?«

Nein, das konnten wir nicht. Darüber hinaus war ich auch noch der irrwitzigen Meinung, man könne das Ganze doch erst mal auf die herkömmliche Art versuchen: mit einer Ernährungsumstellung. Ganz ohne Holzhammer, Blut und Skalpell. Der Besitzerin war ihre Enttäuschung deutlich anzusehen. Abnehmen ohne OP? Das war ja fast schon unmenschlich! Und das Schlimmste daran: Da würde die ganze Arbeit an ihr hängenbleiben. Wie außerordentlich lästig!

Ich erklärte ihr, dass die Sache gar nicht so schwierig war, und verkaufte ihr ein Spezialfutter, das bei der Diät helfen sollte. Der Vorteil war, dass dieses Futter genug »Füllstoffe« enthielt, damit der Hund satt wurde und gleichzeitig abnahm. Wir wiesen Frau Köhler an, ausschließlich dieses Futter zu füttern, Lisa regelmäßig zu wiegen und die Fortschritte in einem Diätpass festzuhalten. Auf diese Weise hatten wir schon vielen Hunden zur Bikinifigur verholfen.

Frauchen blieb misstrauisch, und tatsächlich: Bei Lisa zeigte sich auch nach Wochen noch keine Wirkung. Die Besitzerin war verständlicherweise enttäuscht.

»Füttern Sie denn wirklich nichts anderes?«, fragte ich zum

wiederholten Male nach. »Keine Leckerchen, keine Essensreste, nur das Diätfutter?« Es war mir unbegreiflich, wieso der dicke Labrador noch immer aussah wie eine zu fest gestopfte Wurst. Frau Köhler wirkte eingeschnappt.

»Ich mache alles genau so, wie Sie es gesagt haben. Nur das mit dem Wiegen klappt zu Hause nicht so gut. Die Waage ist einfach zu klein für den Hund.«

Da die Besitzerin nur ein paar Straßen von der Praxis entfernt wohnte, bot ich ihr an, Lisa ab sofort bei uns auf der großen Waage zu wiegen. Sie stimmte zu und kündigte sich für die kommende Woche zur Gewichtskontrolle an.

Als es schließlich so weit war, rückte sie mit ihrem Hund, ihrer ebenso korpulenten Freundin und einer riesigen Tupperdose an. Mit vereinten Kräften hievten wir den Hund auf die Waage – und waren enttäuscht. Der Labrador hatte noch immer kein Gramm abgenommen! Wie konnte das sein? Das Ganze war mir direkt ein bisschen peinlich. Ich verkaufte Frau Köhler seit Monaten das teure Spezialfutter und verdonnerte sie zum wöchentlichen Wiegen, und nichts passierte. Wie unangenehm! Nur Lisa war fröhlich wie immer und steuerte zielstrebig auf die Tupperdose zu. Frauchen öffnete den Deckel, und ich fiel fast hintenüber. Die Dose war bis oben hin voll mit liebevoll gewürfelter Fleischwurst. Wahrscheinlich ein ganzer Ring, bei der Menge. Schwanzwedelnd verdrückte der Labrador innerhalb von Sekunden den gesamten Inhalt und wandte sich zufrieden zum Gehen.

»Bekommt sie nach dem Wiegen immer so eine großzügige Belohnung?«, fragte ich vorsichtig.

»Klar«, antwortete Frau Köhler ohne die leiseste Spur eines schlechten Gewissens, »etwas Motivation muss doch sein!«

Ich war fassungslos. *Etwas* Motivation? Das war genug Motivation für ein ganzes Hundeleben. Selbst ich gönne mir niemals so viel Motivation, und ich bin wirklich ein überaus motivierter Mensch. Und das Ganze gab es seit Monaten mindestens einmal wöchentlich – schon toll, so eine Diät! Da wollte ich gar nicht erst wissen, was es im Hause Köhler als Belohnung für ein befolgtes Kommando oder einen besonders niedlichen Augenaufschlag gab.

»So kann Ihr Hund natürlich nicht abnehmen!«, wies ich Frauchen zurecht. »Da müssen wir uns nicht wundern, dass das trotz Diät nicht klappt!«

»Das wusste ich von vornherein!«, verkündete die Besitzerin schnippisch. »Hätten Sie ihr einfach den Magen verkleinert, dann wäre sie jetzt schon schlank!«

Stimmt. Und hätten Sie ihr nicht gleich ein ganzes Schwein geschlachtet, dann wäre sie jetzt nicht kurz vorm Platzen!, schrie meine innere Stimme genervt.

»Tut mir leid. Auf jeden Fall macht die Diät keinen Sinn, wenn Sie nebenbei so viel anderes füttern«, stellte ich mit erzwungener Ruhe fest.

»Das sehe ich genauso!«, sagte Frau Köhler patzig und rollte sich mitsamt ihrer Begleiterin und der verräterischen Tupperdose aus der Praxis.

Ich blieb allein zurück. Auf den Schreck erst mal ein Stück Schokolade, dachte ich und schob den unangenehmen Gedanken an dicke Körper und Diäten genüsslich kauend zur Seite.

Natürlich wollen nicht alle Besitzer ihre Tiere gleich unters Messer legen. Manchen genügen auch Nadeln in verschiedensten Ausführungen. Wie zum Beispiel den vielen modebewussten Patienten, die alles daransetzen, ihre Vierbeiner möglichst exakt auf den eigenen Geschmack abzustimmen.

»Soll ich auch noch Punkte draufmalen?«, fragte eine befreundete Tierheimmitarbeiterin immer genervt, wenn ihre Interessenten mal wieder genaueste Vorstellungen vom Aussehen ihres optimalen Haustiers hatten.

Aber es geht noch schlimmer! Sie können sich gar nicht vorstellen, wie oft wir darum gebeten wurden, Tiere an den verschiedensten Körperstellen mit den unterschiedlichsten Piercings zu »verschönern«. Und wie unzufrieden die Besitzer über unsere Weigerung waren. Schließlich steckten wir ja ständig irgendwelche Nadeln in irgendwelche Tiere! Da kam es ja wohl darauf auch nicht mehr an! Das Argument, dass unsere Nadeln in der Regel einem medizinischen Zweck dienten, zählte diesbezüglich nicht viel.

Dabei gibt es doch auch so viele andere Arten, seinen Vierbeiner »aufzuhübschen«, wenn das anscheinend von so großer Bedeutung ist. Ich denke da zum Beispiel an einen jungen Punker, der mit seinem langhaarigen Mischlingsrüden zu uns kam. Herrchen überraschte uns bei jedem Besuch mit einem neuen, fantasievollen Haarschnitt. Und der Hund wurde immer gleich mit gestylt. Mal war es ein feuerroter Blitz auf schwarzem Untergrund. Dann wieder ein neongelbes Ausrufezeichen aus langem Haar inmitten einer Kurzhaarfrisur. Ob ein Hund solche regelmäßigen Typveränderungen braucht, sei mal dahingestellt. Auf jeden Fall hat es ihn sicher nicht gestört. Und es sah dermaßen cool aus! Bestimmt war er mit so viel Individualität der Star auf jeder Hundewiese!

Nicht ganz so sicher über die positive Resonanz einer Verschönerungsaktion war ich mir bei einem anderen Tierbesitzer. Der besagte Kunde war Hundeführer bei der Polizei und kam regelmäßig mit seinen Diensthunden, größtenteils Belgischen Schäferhunden, zu uns. Er war immer zum Scherzen aufgelegt – ein angenehmes Herrchen. Eines Tages brachte er seine Diensthündin zur Behandlung. Alle Polizeihunde trugen beim Tierarztbesuch grundsätzlich Maulkörbe – das war wohl Vorschrift. Obwohl die meisten von ihnen in ihrer »Freizeit« ganz normale, umgängliche Hunde waren, wirkten sie durch den Bissschutz immer ziemlich gefährlich. An diesem Tag jedoch war alles etwas anders.

»Mach mal Hopp und zeig deine Füße!«, forderte der Polizist seinen Hund auf.

Der gehorchte und landete mit seinen Vorderpfoten auf der Ablage neben mir. Überrascht sah ich mir die Pfoten genauer an und lachte. Fein säuberlich hatten die Polizisten in ihrer Mittagspause die Krallen der Hündin pink lackiert. Das nenne ich mal Langeweile! Es war ein Bild für die Götter: Dieser große, extrem einschüchternd aussehende Hund mit seinem riesigen Maulkorb – und leuchtend pinken Krallen! Der Hundeführer hielt sich den Bauch vor Lachen. Nur die Hündin blickte unglücklich drein. Voller Mitleid stellte ich mir vor, wie die anderen Diensthunde sie verspotteten und bis auf Weiteres nur noch im Innendienst einsetzten. Schließlich konnten sie nicht riskieren, dass sich die Kollegin einen ihrer frisch manikürten Nägel abbrach! Davon abgesehen fand ich die ganze Aktion lustig. Kindisch und total sinnlos – aber echt witzig!

Wie der Herr, so 's Gescherr

oder: Wie viel Mensch verträgt ein Tier?

Die Frage danach, was unsere Haustiere so alles mitmachen müssen, führt mich zwangsläufig zu der eindrucksvollen Geschichte von Lulu Richter. Sie und ihr Frauchen lieferten das perfekte Beispiel dafür, dass sich Menschen und ihre Haustiere manchmal nicht nur äußerlich erschreckend ähneln, sondern auch ihr Verhalten voneinander kopieren.

Als ich Lulu kennenlernte, war sie erst ein paar Monate alt und, soweit ich das beurteilen konnte, ein ganz normaler Hund. Neugierig inspizierte sie das Wartezimmer, rollte sich schließlich neben Frauchens Stuhl auf dem Boden zusammen und harrte der Dinge, die da kamen. Sie erhielt alle notwendigen Impfungen und entwickelte sich gut, sodass wir sie lange Zeit nicht mehr zu Gesicht bekamen.

Beim nächsten Besuch war der Dackel erwachsen – und völlig verändert. Von dem Moment an, in dem Frau Richter die Praxis betrat, glich das Wartezimmer einem Katastrophengebiet. Lautstark und in der ihr eigenen, seltsam hohen Stimmlage redete sie ununterbrochen auf ihren Hund und die anderen wartenden Besitzer ein. Lulu bellte ebenso ununterbrochen – und nervte zusätzlich durch ihre ebenfalls unnatürlich hohe Tonlage. An der langen Laufleine rannte sie wie ein Wirbelwind zwischen den Stühlen hin und her und hatte in kürzester Zeit die gesamte Inneneinrichtung zu einem einzigen Knoten verbunden. Als sie feststellte, dass sich dadurch auch ihre eigene

Bewegungsfreiheit auf ein Minimum reduziert hatte, stimmte sie augenblicklich ein panisches, ohrenbetäubendes Gekreische an. Was Frauchen dazu veranlasste, ebenfalls am Dezibelregler zu drehen – schließlich wollte sie in all dem Lärm nicht überhört werden.

»Luuuluuu!«, quietschte sie. »Was machst du denn nur? Warum bist du denn so ungezogen? Schau mal, was du angerichtet hast! Luuuluuu! Jetzt warte doch mal! Sei doch mal still! Sei doch nicht so unruhig!«

Seit ihrem überfallartigen Eintreffen hatte ich völlig perplex das Chaos verfolgt, das innerhalb von Sekunden ausgebrochen war. Endlich hatte ich meine Verwirrung überwunden und unterbrach Frau Richters hektischen Wortschwall.

»Mensch, Lulu«, sagte ich ruhig und machte die Leine los, um die eingewickelten, verstört dreinblickenden Wartenden zu befreien, »schalt mal 'nen Gang runter. So schlimm wird's nicht werden!«

Lulu sah mich überrascht an und schien sich leicht zu entspannen. Bis die Besitzerin sich genötigt sah, mit ihrem pädagogisch wertvollen Verhalten in die Situation einzugreifen.

»Luuuluuu!«, quiekte sie laut. »Das habe ich dir doch schon so oft gesagt! Du sollst nicht immer so unruhig sein! Was soll das denn? Du machst mich ganz nervös! Luuuluuu! Leg dich jetzt hin! Platz! Platz! Bleib! Platz! Luuuluuu! Frauchen ist jetzt ganz böse! Jetzt sei doch nicht so aufgeregt! Luuuluuu!«

Beinahe grob hob sie den Dackel hoch und drückte ihm einen dicken Schmatzer auf die Nase. Überschwänglich presste sie ihren Liebling an sich und erstickte ihn beinahe in ihrem üppigen Dekolleté. Lulu strampelte hysterisch, bis sie unter ausgiebigen Liebesbekundungen endlich wieder auf den Boden gesetzt wurde.

Fassungslos beobachtete ich Frau Richter und ihren Hund, der jetzt wieder gellend kläffte und wie ein aufgescheuchtes Huhn auf und ab lief. Es war so laut, dass man seine eigenen Gedanken nicht hören konnte. Die anderen Hunde hatten sich hinter ihren Besitzern verkrochen. Die Katzen starben in ihren Transportboxen tausend Tode. Hilfesuchend starrten mich die übrigen Kunden an. Wieder mischte ich mich ein.

»Sie können gerne draußen warten, wenn Lulu sich da wohler fühlt«, schlug ich Frau Richter vor.

»Nein danke, das geht schon«, antwortete sie und rührte sich nicht von der Stelle.

Auf diplomatischem Wege kam ich hier also nicht weiter. Lulu bellte durch die Gitterstäbe eines Katzenkorbs ein Kaninchen an, das japsend um sein Leben zitterte. Frauchen versuchte weiter, die Sache auszudiskutieren, und machte ihrem Dackel schlimme Vorwürfe. Auf die Idee, ihn von dem armen Häschen wegzuziehen, kam sie nicht.

»Könnten Sie die Leine bitte etwas kürzer machen?«, bat ich. »Die anderen Tiere haben Angst.«

Frau Richter folgte meiner Bitte. Lulu ließ sich davon nicht stören und machte sich weiter daran, jede Ecke der Praxis zu erkunden. Durch die nun kurze Leine eng aneinandergefesselt, blieb Frauchen ihr dicht auf den Fersen. Enttäuscht beobachtete ich das Resultat. Lulu rannte noch immer wie wild durchs Wartezimmer und verbreitete lautstark Panik. Die Frau im Schlepptau sorgte für noch mehr Lärm und noch mehr Panik. Nicht gerade das Ergebnis, das ich mir erhofft hatte. Da half nur noch die Evakuierung.

»Kommen Sie ruhig schon durch, Frau Richter«, sagte ich und führte das Terrorgespann in einen freien Behandlungsraum.

Ich schloss die Tür hinter den beiden und ging zurück ins Wartezimmer. Traumatisiert starrten die menschlichen und tierischen Anwesenden vor sich hin und genossen die himmlische, fast unnatürliche Ruhe.

In den folgenden Wochen sahen wir Lulu häufiger. Sie war in eine Scherbe getreten und musste regelmäßig zum Verbandswechsel kommen. Jeder einzelne Besuch geriet zur Geduldsprobe für alle Beteiligten. Auch Hund und Frauchen verließen die Praxis jedes Mal völlig erschöpft. Schließlich klagte Frau Richter mir ihr Leid über ihren hektischen, aus unerklärlichen Gründen ständig nervösen Hund.

»Ich weiß gar nicht, woher das kommt!«, jammerte sie. »Dieser Hund ist regelrecht hysterisch. Ständig bellt und jault er, ständig läuft er durch die Gegend. Das macht einen ganz hibbelig.«

Vorsichtig wies ich darauf hin, wie wichtig bei so einem Hund Ruhe ist. Ein ganz souveräner, entspannter Umgang. Gar nicht viel reden, nicht laut werden, sondern Ruhe vermitteln.

»Das mache ich ja!«, versicherte Frauchen trotzig.

Nun ja, das hatte ich anders erlebt. Aber ich hatte mich bereits ziemlich weit aus dem Fenster gelehnt. Erziehungstipps von der Tierarzthelferin kamen bei den meisten Tierbesitzern nicht gut an. Also gab ich Frau Richter die Nummer einer Tiertrainerin, die sie niemals anrief, und ließ die Sache auf sich beruhen.

Mit den Jahren wurde Lulu endlich etwas ruhiger. Schließlich machte sie auf mich fast schon den Eindruck eines normalen Hundes. Frauchen allerdings war besorgt. So kannte sie ihren Hund gar nicht!

»Haben Sie denn das Gefühl, sie könnte krank sein?«, hakte ich nach. »Ist sie schlapp, frisst sie schlecht oder ist sonst irgendetwas ungewöhnlich?«

»Nein«, entgegnete die Besitzerin, »nicht körperlich. Ich glaube, der Hund hat Depressionen!«

Skeptisch beobachtete ich den Dackel, der fröhlich auf dem Boden schnüffelte, kurz einen anderen Hund anbellte und sich schließlich neben Frau Richters Stuhl legte. Auf mich wirkte Lulu zufrieden und zum ersten Mal ausgeglichen. Frauchen aber blieb bei ihrer Meinung: Der Hund war zu ruhig.

»Luuuluuu, was ist denn mit dir? Warum bist du denn so komisch? Guck mal, da ist eine Katze. Willst du mal der Katze hallo sagen? Luuuluuu! Guck doch mal! Ist die nicht süß? Geh doch mal gucken! Niedlich, oder? Magst du die Katze? Luuu-luuu! Ja, Frauchen hat dich lieb. Ganz lieb bist du, was? Guck mal, die Katze! Ist die nicht süß? Luuuluuuu!«, redete sie auf ih-ren Hund ein.

Schließlich erbarmte sich der Dackel: Lulu stand auf, wi-ckelte hektisch ihre Laufleine um die Stuhlbeine und bellte da-bei ununterbrochen ihr schrilles Gekläffe. Wie hatte ich das ver-misst! Auch Frauchen war zufrieden. Das war der Hund, den sie kannte und liebte!

Übrigens wurde der hyperaktive Rauhaardackel nicht beson-ders alt. Eines Tages traf ich Frau Richter beim Einkaufen. Sie erzählte mir, dass Lulu gestorben war – ganz plötzlich und ohne ersichtlichen Grund. Böse Zungen behaupten, sie wäre in Frau-chens Dekolleté erstickt. Ich dagegen tippe eher auf einen Herz-infarkt. So viel Lärm und Aufregung sind einfach zu viel für ein einziges Hundeleben.

Neulich im Wartezimmer

oder: Wer ist schon frei von Vorurteilen?

Apropos Herzinfarkt: Es gab Situationen, da stand ich selbst kurz davor. Und es gab Kunden, die genau das bezweckten – da bin ich ganz sicher! Manchmal frage ich mich, ob solche Leute Provisionen von Psychotherapeuten, Herzchirurgen und Pharmakonzernen kassieren. Beweisen konnte ich das allerdings nie …

Natürlich, man sollte vorsichtig mit Verallgemeinerungen sein. Ich weiß schon: Nicht alle Schäferhunde sind böse, nur weil mich einer als Kind mal in den Fuß gebissen hat. Aber ist Ihnen noch nie aufgefallen, dass sich manche Vorfälle in kurzer Zeit häufen und geradezu danach schreien, als neue Regel formuliert zu werden?

Bei uns war das eine Zeitlang so mit Frauen, die einen Doppelnamen trugen. Mann, was waren die alle schwierig! Klar, es gibt auch Doppelnamenträgerinnen, die nett und unkompliziert sind. Aber von denen kannte ich in der Zeit nur wenige. Der Großteil benahm sich in etwa so wie Frau Heidsieker-Schmalenbusch: eine menschgewordene Katastrophe. Schon bei der Erwähnung des Namens läuft es mir noch heute eiskalt den Rücken runter!

Frau Heidsieker-Schmalenbusch hatte einen rotzfrechen, unerzogenen Hund, vier aufmüpfige Kinder und immer einen Grund zu meckern. Im Wartezimmer war's zu warm, der Boden allerdings zu kalt, die Rechnung zu hoch, und selbst der

Klingelton unseres Telefons sorgte bei ihr für Unmut. Die Terminvereinbarungen mit ihr waren jedes Mal das reinste Abenteuer. Mit Äußerungen wie »Morgen ist mir zu spät, aber heute schaffe ich es nicht mehr« machte sie es einem schlichtweg unmöglich, sie zufriedenzustellen. Was sollte man auf so eine Aussage antworten? Moment noch, ich halte nur schnell die Zeit an und füge zwischen heute und morgen einen Extratag ein? Was Schlaueres fiel mir wirklich nicht ein. Am liebsten hätte ich ihr vorgeschlagen, sich einfach eine andere Praxis zu suchen, wenn bei uns alles so furchtbar war, aber das ging natürlich nicht. Also ertrug ich sie und ihre schlimme Rasselbande – mal mehr, mal weniger gelassen.

Eines Abends, wir waren mal wieder von einem riesigen Patientenandrang überrollt worden, hatten sich die Heidsieker-Schmalenbuschs offenbar dazu entschlossen, das Chaos mit allen Mitteln komplett zu machen. Schon der Aufmarsch verhieß nichts Gutes. Das Erste, was ich von der reizenden Familie sah, war der kläffende Hund. Noch bevor die Eingangstür ganz geöffnet war, hatte er sich an seinen Besitzern vorbeigeschoben und das halbe Wartezimmer aufgemischt. Eine Leine brauchte er natürlich nicht – wer außer den 35 anderen Tieren und 48 Besitzern sollte sich denn schon von ihm gestört fühlen? Der felligen Vorhut folgten die vier Kinder, die ihre »Null-Bock-Miene« zur Schau trugen und offenbar überall lieber gewesen wären als in unserem Wartezimmer. Die Nachhut bildete Frau Heidsieker-Schmalenbusch höchstpersönlich. Mit hochgezogenen Augenbrauen betrachtete sie das überfüllte Wartezimmer. Wie so oft fragte ich mich, ob sie wohl schon mit diesem missbilligenden, leicht arroganten Gesichtsausdruck auf die Welt gekommen war – ich jedenfalls hatte sie noch nie mit einer anderen Miene gesehen. Ich stellte sie mir als Baby vor, wie sie mit vorwurfsvoll hochgezogenen Augenbrauen dem Mutterleib entschlüpfte und als Erstes über die Temperatur meckerte. Ein ziemlich aufmunternder Gedanke!

»Ist das voll hier!«, motzte sie statt einer Begrüßung, als hätte ich das Ganze als persönliche Schikane für sie arrangiert.

»Stimmt«, antwortete ich nur und trug sie in die Warteliste ein. »Was können wir denn für Sie tun?«

»Für mich nichts, höchstens für den Hund«, antwortete sie schnippisch.

Mann, wie mir diese blöde Bemerkung zum Hals raushing! Klar für den Hund – dass Ihnen nicht zu helfen ist, habe ich schon gemerkt!

»Gut«, sagte ich, »was hat denn Ihr Hund?«

»Das weiß *ich* doch nicht!«, versetzte sie überheblich. »Das herauszufinden ist schließlich Ihre Aufgabe!«

Hinter ihrem Rücken streckte mir der älteste Sohn die Zunge raus. Nur mit äußerster Selbstbeherrschung gelang es mir, nicht auf ähnlich unreife Weise meinem Ärger Luft zu machen.

»Klar«, erwiderte ich kühl, »und warum sind Sie heute mit dem Hund hier?«

»Der guckt manchmal so komisch«, erläuterte die Besitzerin, und damit war für sie scheinbar alles gesagt.

Wie, der guckt so komisch? Wie guckt er denn? So wie ich gerade? Das ist nicht krankhaft – das ist Verzweiflung!

»Aha«, sagte ich nur und bat die Familie, Platz zu nehmen. Kaum hatten sie sich hingesetzt, begannen die Kinder auch schon lautstark zu murren. Das konnte ja heiter werden – bei rund einer Stunde Wartezeit! Etwa fünf Minuten dauerte es, bis auch die Mutter langsam die Geduld verlor. Von da an schickte sie ihre Kinder im Minutentakt zu mir, um sich nach der verbleibenden Wartezeit zu erkundigen. Dass ich konsequent jedes Mal genau eine Minute von der zuletzt genannten Zeit abzog, schien keine pädagogische Wirkung zu haben. Also zogen wir das Spiel durch, bis auch wirklich jeder andere Wartende genervt vor sich hin starrte.

Der Hund hatte in der Zwischenzeit schon dreimal das Beinchen an der großen Palme gehoben. Ich fühlte mich wie die persönliche Leibeigene der Familie – außer Pipiputzen und meiner minütlichen Zeitansage war ans Weiterarbeiten gar nicht zu denken.

Gegen Ende der Wartezeit schien wohl selbst den Heidsieker-Schmalenbuschs ihre Drängelei etwas langweilig zu werden. Also legten sie kurzerhand noch einen drauf. In seltener Eintracht nahmen sie sich bei den Händen – und sangen ihren persönlichen Drängel-Song. »Wann kommen wir endlich dra-han, wann kommen wir endlich dra-han«, scholl es durchs Wartezimmer.

Jetzt haben sie völlig den Verstand verloren!, schoss es mir durch den Kopf, und in mir machte sich langsam, aber sicher die meditative Ruhe der Resignation breit.

Kurze Zeit später wurden die Störenfriede endlich aufgerufen. Geschafft – jetzt durfte sich einer unserer Tierärzte mit den Heidsieker-Schmalenbuschs und ihrem komisch guckenden Hund herumschlagen. Kaum war die Frau mit ihren Kindern im Behandlungsraum verschwunden, löste sich die schlechte Stimmung im Wartezimmer wie ein übler Geruch auf.

»Die sind ja schlimmer als 'ne biblische Plage!«, stellte der ältere Herr in der hintersten Ecke des Raumes kopfschüttelnd fest. »Muss wohl am Namen liegen – ist Ihnen schon mal aufgefallen, dass Frauen mit Doppelnamen immer die schlimmsten sind?«

»Ach, das kann man so pauschal doch gar nicht sagen«, erwiderte ich zurückhaltend – fürs Protokoll sozusagen. Aber in mir jubelte es. Endlich ein Seelenverwandter! Endlich mal jemand, der die Wahrheit kannte!

Warnung vor dem Hunde

oder: Gut geklebt ist halb gepunktet

Computer sind eine tolle Sache. Ich weiß noch, wie nervig und zeitaufwendig früher die Patientenverwaltung mit Karteikarten war. Besonders dann, wenn mal wieder eine Karte falsch in den zum Bersten vollen Ablagekästen einsortiert war. Die war dann mal weg – verschollen in den unendlichen Weiten der Aktenschränke. So ein schwarzes Loch ist nichts dagegen! Das Einzige, was mir nach der endgültigen EDV-Umstellung fehlte, war unser ausgeklügeltes Punktesystem. An diesem denkwürdigen Abend, die Heidsieker-Schmalenbuschs waren noch nicht ganz zur Tür hinaus, erinnerte ich mich voller Wehmut an die »gute alte Zeit«.

Um unseren Feind – äh, ich meine natürlich die Kunden – möglichst genau zu kennen, hatten wir im Zeitalter der Karteikarten ein einfaches, aber effektives Kennzeichnungssystem mit farbigen Klebepunkten entwickelt. Die am häufigsten verwendete Farbe war Rot: Rot wie Gefahr! Bissige Hunde und kratzbürstige Katzen bekamen einen solchen roten Klebepunkt direkt neben ihrem Namen verpasst. Im Idealfall sah man diese dezente Warnung schon vor dem ersten Tierkontakt und konnte sich entsprechend auf die Behandlung vorbereiten. Das Tolle daran war aber nicht nur die schnelle Sichtbarkeit, sondern vor allem auch die Diskretion. Schließlich erhaschten die Patienten manchmal während der Behandlung einen Blick auf ihre Karte. Offensichtliche Warnhinweise wie »Passt bloß auf, das Vieh ist total aggressiv!« hätten bloß für Unmut gesorgt.

Besonders gut gefiel mir die im Laufe der Jahre entwickelte Verfeinerung der Rote-Punkte-Regelung. Klebte der Punkt wie beschrieben neben dem Tiernamen, so hieß das nach wie vor, dass eben dieses Tier mit Vorsicht zu genießen war. Zierte der Klebepunkt allerdings den Besitzernamen, dann war *er* die Gefahr, vor der die Kollegen gewarnt werden sollten. Echt praktisch! So wusste man wenigstens schon vor der ersten Attacke, dass man vor diesem Menschen auf der Hut sein sollte. Ich sag nur Heidsieker-Schmalenbusch …

Neben dem »Vorsicht, bissig«-Punkt in der Signalfarbe Rot gab es noch weitere Farben, die allerdings etwas seltener zum Einsatz kamen. Für Freunde der Naturheilkunde hatten wir passenderweise den grünen Punkt reserviert. Weiß war die Farbe derer, die während der Behandlung gerne mal umkippten. Auch diese Farbe war mit Bedacht gewählt – schließlich entsprach sie im weitesten Sinne der aktuellen Gesichtsfarbe der Betroffenen. Wenn es irgendwie möglich war, versuchten wir, bei den »weißen« Kunden einen zusätzlichen Helfer im Raum zu haben. Der war dann dafür zuständig, den Ohnmächtigen vor dem Aufschlagen auf dem Boden aufzufangen, um schmerzhaften Verletzungen vorzubeugen.

Darüber hinaus erinnere ich mich auch noch an den blauen Punkt, der die besonders Ängstlichen kennzeichnete. Denn natürlich waren wir immer bemüht, auch den schüchternen Angsthasen – ob Mensch oder Tier – die Behandlung so angenehm wie möglich zu gestalten.

Als schließlich die unpraktischen Karteikarten dem Computer weichen mussten, blieb uns nichts anderes übrig, als uns auch von dem liebgewonnenen Punktesystem zu verabschieden. Es machte wenig Sinn, die Punkte auf den Bildschirm zu kleben …

Heute gibt es für solche Warnhinweise Bemerkungsfenster, die beim Aufrufen einer Datei aufleuchten und wichtige Informationen über den kommenden Patienten bereithalten. Schon praktisch, aber irgendwie enttäuschend unspektakulär. Es geht doch nichts über geheimnisvolle Klebepunkte auf unleserlichen, nostalgisch anmutenden Karteikarten!

Selbst ist die Frau!

oder: Die Heilkraft alter Hausmittel

Man muss ja nicht mit jeder Kleinigkeit zum Arzt rennen. Etwas gesunder Menschenverstand, ein wenig Geduld oder das geeignete Hausmittel zur rechten Zeit reichen bei den meisten Wehwehchen völlig aus. Vorausgesetzt man hat das Passende gerade zur Hand. Also das Hausmittel, die Geduld – oder auch den gesunden Menschenverstand. Was ja nicht immer und in allen Haushalten dieser Welt der Fall ist. Irgendeine der genannten Zutaten ist nach meinen Erfahrungen meistens Mangelware. Welche das bei Ihnen ist, können selbstverständlich nur Sie allein beurteilen.

Wie dem auch sei – natürlich gibt es eine Vielzahl an Fällen, in denen nur noch professionelle Unterstützung hilft. So wie bei der hochschwangeren Beagle-Hündin, die uns eines Tages in der Praxis vorgestellt wurde. Die Besitzerin hieß Frau Heiler – ein Zufall, dessen besondere Bedeutung sich mir erst gegen Ende des Tages erschließen sollte.

Hündin Gipsy war also tragend – und bot einen jämmerlichen Anblick. Ihr dicker Bauch schien kurz vorm Platzen zu sein. Matt lag die Hundedame in ihrem mitgebrachten Körbchen, die Atmung flach und angestrengt. Die blassen Schleimhäute und die eingefallenen Augen zeugten davon, dass es Gipsy nicht erst seit eben gerade schlecht ging. Auf unsere Nachfrage erfuhren wir, dass der errechnete Geburtstermin bereits mehrere Tage her war.

»Warum sind Sie denn nicht früher gekommen?«, fragte Natalie wenig diplomatisch. Ihr Tonfall ließ keinen Zweifel daran, was sie von dieser Nachlässigkeit hielt. Doch Frau Heiler war sich keiner Schuld bewusst. Sie hatte nach ihrer persönlichen Lebensphilosophie gehandelt. Und die besagte, dass man der Natur nicht ins Handwerk pfuschen sollte. Basta.

»Ach so«, platzte ich heraus und schluckte gerade noch rechtzeitig den Rest des Satzes herunter. Dann können Sie Gipsy ja schon mal ein Grab ausheben. Oder pfuscht das der Natur auch zu sehr ins Handwerk?

Thorsten, Natalie und ich tauschten ein paar vielsagende Blicke und konzentrierten uns darauf, der kraftlosen Hündin und ihren ungeborenen Welpen zu helfen. Nach umfassenden Untersuchungen war die Sache klar: Die Babys mussten schnellstmöglich auf die Welt geholt werden, und die Hündin war viel zu erschöpft, um das zu bewerkstelligen. Wir rieten der Besitzerin zu einem Kaiserschnitt. Frau Heiler jedoch widerstrebte der Gedanke an einen dermaßen unnatürlichen Eingriff aufs Äußerste. Nur mit großer Mühe konnten wir sie schließlich überzeugen.

Endlich machten wir uns ans Werk und hatten schon nach kürzester Zeit sechs riesengroßen, gesunden Welpen auf die Welt geholfen. Nur Gipsy hatte die ganze Sache sehr mitgenommen. Wir riefen ihre Besitzerin an, die wir für die Dauer der Operation nach Hause geschickt hatten. Entgegen unserer bisherigen Absprache baten wir darum, die Hündin samt Nachwuchs bis zum nächsten Tag bei uns behalten zu dürfen, um sie aufpäppeln zu können. Schweren Herzens stimmte Frau Heiler zu – doch sie wollte gerne auf einen kurzen Besuch vorbeischauen und die »junge Familie« selbst begutachten. Vielleicht könne sie beim Genesungsprozess behilflich sein. Wir versicherten, dass wir die Situation durchaus im Griff hatten, sie aber natürlich gerne kommen durfte.

Zwanzig Minuten später betrat sie die Praxis. Und brachte Unterstützung mit. Während wir nämlich im OP geschwitzt hatten, hatte die Hundebesitzerin die Zeit genutzt, um »sich aufzuladen«. Ich ertappte mich dabei, wie ich ein furchtbar dummes Gesicht machte. Bevor ich jedoch die dazugehörige dumme Frage stellen konnte – ich hatte keine Ahnung, wie, warum und womit sich Frau Heiler aufgeladen hatte –, weihte sie uns ein. Die naturverbundene Kundin hatte sich in einem höchst komplizierten Ritual, das nur wenige Auserwählte beherrschen, mit heilender Energie direkt aus dem Erdkern beladen. Und die wollte sie nun an Gipsy und ihre Welpen weitergeben.

Darauf hättest du auch schon vor ein paar Tagen kommen können!, dachte ich etwas genervt. Das hätte uns und der Hundefamilie einiges erspart!

Kommentarlos führte ich die Besitzerin zu ihren Hunden. Gipsy wedelte kläglich mit dem Schwanz. Aufstehen konnte sie nicht. Doch Frau Heiler war gewappnet. Unter meinen entgeisterten Blicken zauberte sie eine Flasche Klosterfrau Melissengeist aus ihrer Handtasche, kippte diese über der erschöpften Hündin aus, bewegte ihre Hände kreisend über deren Körper und sprach: »Heile, heile, heile!« Todernst.

Ich hatte längst gelernt, nur innerlich zu lachen, und präsentierte nach außen hin meine feierlichste Miene. Auch Gipsy ließ sich nicht anmerken, was sie von der bizarren Szene hielt. Vielleicht spürte sie auch schon die heilende Energie!

Nach weiteren Beschwörungen und einem gesungenen Dank an Mutter Erde – der erwartete Tanz um den Behandlungstisch blieb leider aus – verabschiedete sich Frau Heiler.

Zurück blieben sieben müde Hunde, eine sprachlose Tierarzt-helferin und der beißende Gestank von Klosterfrau Melissen-geist. Auf die frischgebackene Mami warteten eine Infusion und ihre kuschelige Krankenbox samt Rotlicht. Schon am nächs-ten Morgen ging es ihr gut genug, um nach Hause entlassen zu werden. Frauchen platzte vor Stolz. Das hatte sie aber auch wirklich gut hingekriegt mit der Hundeheilung!

Nix wie weg!

oder: Folgenschwere Fluchtversuche

Es gibt wohl nichts Verbindenderes als einen gemeinsamen Feind. Das gilt auch in der Tierarztpraxis. So unterschiedlich unsere Patienten auch waren – in einem waren sich fast alle einig. Ob Schutzhund oder Wackeldackel, Wildkatze oder Stubentiger, Nager oder Federvieh: Sie konnten uns nicht ausstehen. Klar, dass wir uns tagein, tagaus mit mehr oder weniger erfolgreichen Fluchtversuchen konfrontiert sahen. Genauso individuell wie die Patienten waren dabei auch deren Taktiken.

Schon in den ersten Tagen nach dem Austausch unserer etwas in die Jahre gekommenen Küchenzeilen in den Behandlungsräumen sorgte ein gerissener kleiner Degu für Aufregung. Besagtes Nagetier saß unbeweglich in seiner Transportbox und stellte sich tot. Bis mein Chef versuchte, es in die Hand zu nehmen. Blitzschnell sprang es uns entgegen, hopste auf den Fußboden – und verschwand in der Küchenzeile. Verdutzt sahen wir uns an. Alle Schranktüren waren zu, und doch war Degu Paul wie vom Erdboden verschluckt. Wir untersuchten die Schrankfronten genauer und entdeckten schließlich den Fluchtweg. Ganz unten in der Sockelleiste befand sich der Lüftungsschlitz für den Kühlschrank, der mit einem Gitter abgedeckt war. Das allerdings stellte offensichtlich kein Hindernis für einen schlanken Nager dar. Der Degu war weg.

Die Besitzer nahmen es glücklicherweise mit Humor. Weit konnte er ja nicht kommen – das hofften wir zumindest. Wir berieten uns kurz über das weitere Vorgehen. Solange der Feind im Raum blieb, also mein Chef und ich, würde Paul sicherlich nicht herauskommen. Wir brachten also allerlei Leckereien zum Locken und ließen die Besitzer allein. Von Zeit zu Zeit steckte ich die Nase in den Raum, doch von Paul fehlte nach wie vor jede Spur.

Als ich wieder einmal leise nach dem Rechten sah, erwischte ich den Sohn der Familie dabei, wie er gerade ein Stück Schlangengurke durch das Lüftungsgitter in die Küchenzeile steckte. Hallo, geht's noch?, dachte ich. Willst du auch noch 'n Getränk hinterherschütten?

»Für Paul«, erklärte er grinsend, und seine Mutter lächelte stolz.

Ach ja, wie goldig! Und da wunderte ich mich, dass sich der Degu partout nicht von Leckerchen anlocken ließ. Da wäre er ja wirklich schön blöd gewesen, wo doch drinnen gerade das Buffet aufgebaut wurde!

In diesem Moment kam mein Chef zurück, der ebenfalls auf gute Nachrichten hoffte.

»Und, was macht der Ausreißer?«, fragte er in die Runde.

»Wartet auf den Nachtisch!«, erklärte ich sarkastisch und ignorierte den fragenden Blick des Tierarztes.

»Meinst du, der kommt noch von alleine raus?«, fragte er.

»Sicher nicht«, antwortete ich nur, und auch die Besitzer stimmten mir zu. Also entfernten wir kurzerhand die Sockelleiste und hofften, den Degu so aufzuspüren. Fehlanzeige. Der Nager war in der Dunkelheit hinter dem schmalen Schlitz nicht zu sehen.

Irgendwann wurde es Abend, und die Besitzer wollten langsam nach Hause. Nun rückte mein Chef kurzentschlossen mit der Werkzeugkiste an. In mühsamer Kleinstarbeit räumten wir die Schränke aus, während er Stück für Stück die Rückwände entfernte. Die Tochter der Besitzer hatte mittlerweile ihren Freund angerufen, um die abendliche Verabredung zu verschieben. Wie eine Sportreporterin kommentierte sie das Geschehen für ihn live am Handy.

»Jetzt hat er die Rückwand unterm Waschbecken abgeschraubt. Jetzt leuchtet er mit der Taschenlampe rein, und … nein, da ist er auch nicht!«

Die angeschwollene Ader auf der Stirn meines Chefs verriet Erregung. Ob er gleich losbrüllen oder laut lachen würde, ließ sich jedoch nicht sagen.

Die Mutter hatte sich in der Zwischenzeit mit einer Mohrrübe bewaffnet und versuchte, durch rhythmische Bewegungen den verführerischen Rübenduft bis in Pauls Versteck zu wedeln. Mein Chef sah aus, als würde er ihr jeden Moment die Karotte aus der Hand reißen, um sie ihr mit voller Kraft über den Kopf zu ziehen. Ich hüstelte schnell, um den Anflug eines Kicherns zu überdecken. Was für eine absurde Situation! Wie so oft suchte ich die versteckte Kamera und wurde enttäuscht – das war real!

Endlich war die letzte Rückwand entfernt. Mit der Taschenlampe leuchteten wir jeden Winkel aus und entdeckten schließlich einen ziemlich entspannten Paul, der sich ohne weitere Gegenwehr einfangen ließ. Erleichtert setzten wir ihn zurück in seine Transportbox und schlossen die Klappe. Im allerletzten Moment drehte er sich noch einmal zu mir um – und verzog sein niedliches Gesicht zu einem hämischen Grinsen. Ich schwöre! Auch wenn es niemand wahrhaben will: Degus sind durchtriebene kleine Biester in flauschig-unschuldiger Verkleidung. Seit diesem Abend kenne ich die grausame Wahrheit – ein Wolf im Schafspelz ist nichts dagegen!

Die nächste Stunde verbrachten wir damit, die nagelneuen Schränke wieder zusammenzusetzen und einzuräumen. Endlich hatten wir das Chaos beseitigt und alle Gemüsestücke aus den Ritzen entfernt. Früh am nächsten Morgen bestellte ich die Kavallerie: Noch am selben Tag rückten Handwerker an, die die Abdeckgitter über den Lüftungsschlitzen austauschten.

»Ganz feine Maschen!«, hatte ich gefordert. Degusicher. Für alle Pauls dieser Welt.

Mit einer völlig anderen Art der Kriegsführung gelang es nur wenige Tage später einer halbwilden Katze, sich einige kostbare Momente in Freiheit zu erkämpfen. Das Tier gehörte zu einer »Lieferung« vom Tierschutzverein, der regelmäßig streunende Katzen fing, kastrieren ließ und anschließend wieder aussetzte. Da man nie wusste, was einen erwartete, waren diese scheuen Patienten per se eine Herausforderung. Auch besagte Katze machte keinen Hehl aus ihrer Abneigung gegen uns. Fauchend und spuckend hatte sie sich in ihrem Katzenkorb verschanzt und dachte nicht im Traum daran, sich packen zu lassen. Mit dicken, ellbogenlangen Lederhandschuhen ausgestattet griff ich in die Box und zog sie heraus.

Haben Sie schon mal versucht, eine halbwilde Katze gegen ihren Willen festzuhalten? Dann haben Sie sicherlich eine ziemlich genaue Vorstellung von dem, was als Nächstes passierte. Es ist immer wieder faszinierend. Betrachtet man so ein Kätzchen im »Ruhemodus«, erscheint es zunächst recht übersichtlich: ein Maul, vier Füße, nichts Außergewöhnliches. Aber schalten Sie dieselbe Katze mal auf »Alarm«. Wie aus dem Nichts wachsen ihr plötzlich überall Krallen und Zähne. Und, verlassen Sie sich drauf, irgendetwas davon bohrt sich garantiert in Ihre Hand, Ihren Arm oder sonst wohin. Bestimmt kennen Sie das Phänomen. Falls nicht, so sind Sie jetzt gewarnt. Was allerdings meistens auch nicht hilft. So wie in dem vorliegenden Fall.

Ich hatte also die wutschnaubende Katze aus ihrem Käfig gezogen und war auf alles gefasst. Und ich sollte nicht enttäuscht werden. Messerscharfe Krallen bohrten sich durch das Leder in meine Hände. Krampfhaft versuchte ich, mich aus den Klauen des Raubtiers zu befreien, ohne meinen Griff zu lockern.

»Vorsicht, tu ihr nicht weh!«, mahnte Isabell besorgt.

Über das fauchende Ungetüm hinweg warf ich ihr einen vernichtenden Blick zu. Ich sollte dem Biest nicht wehtun? Wer steckte denn gerade in wessen Fleisch? Empört blutete ich vor mich hin und kämpfte weiter um die Kontrolle. Eine Weile gelang es mir noch, die Katze mehr schlecht als recht zu bändigen. Dann befreite sie sich aus meinen Fängen, sprang instinktiv in Richtung Fenster und versuchte, durch die geschlossene Scheibe zu entkommen. Isabell hatte sich mit einem Handtuch bewaffnet und bemühte sich vergeblich, die Ausreißerin darin einzuwickeln. Wieder entkam die Katze und probierte nun auf der anderen Seite des Raumes ihr Glück. Panisch schoss sie über den Schreibtisch ins Regal und fegte eine Ladung Bücher auf den Boden. Erschrocken floh sie vor dem lauten Gepolter und stieß dabei den großen Blumentopf vom Schreibtisch.

Draußen war Tierarzt Thorsten auf den Lärm aufmerksam geworden. Ahnungslos steckte er den Kopf zur Tür hinein, um nach dem Rechten zu sehen.

»Tür zu!«, schrien Natalie, Isabell und ich wie aus einem Munde und knallten ihm die Tür vor der Nase zu.

Als wir uns wieder dem Ausbrecher zuwandten, staunten wir nicht schlecht. Wie auf Saugnäpfen war die Katze die Tapete hinaufgeklettert und hing auf halber Höhe an der Wand. Einen Moment lang zögerte sie, als wäre sie selbst überrascht. Dann siegte die Schwerkraft. Wie in Zeitlupe rutschte sie rittlings die Tapete hinunter und hinterließ auf ihrem Weg tiefe, unschöne Kratzer. Geistesgegenwärtig sprang Natalie herbei und fing das Tier auf wie ein Stück Fallobst. Um gleich darauf Bekanntschaft mit seinen reißenden Fängen zu machen. Wieder sprang die Katze auf der Suche nach einem Fluchtweg zum Fenster – und verlor auf der glatten Fensterbank den Halt. Mit dem Hinterteil voran fiel sie auf den großen Standmülleimer. Und verschwand durch den Schwingdeckel im Inneren des Behälters. Weg war sie!

Die Katze ist im Eimer – aber besser die als ich, dachte ich flüchtig. Ein paar Sekunden lang herrschte eine fast unwirkliche Stille. Dann ertönte ein tiefes, schnell anschwellendes Grollen aus dem Abfalleimer, der bedrohlich zu wackeln begonnen hatte. Natalie, Isabell und ich stürzten von allen Seiten herbei, um den Deckel zuzuhalten, und stießen in unserer Hektik schmerzhaft mit den Köpfen aneinander. In den Untiefen des Mülleimers kämpfte die Gefangene verbittert um ihre Freiheit. Für den Moment hatten wir sie in Gewahrsam und schmeckten das süße Gefühl des Sieges.

Der Triumph währte nicht lange. Irgendwie mussten wir

die Katze schließlich aus dem Eimer befreien. Kurzentschlossen packten wir den Behälter samt seinem tobenden Inhalt und schleppten ihn in Richtung Bad. Dort gab es die wenigsten Flucht- und Versteckmöglichkeiten für ein scheues Tier.

Mit lautem Getöse arbeiteten wir uns im plötzlich endlos scheinenden Flur voran. Aus dem Mülleimer drang wildes, hysterisches Knurren und Fauchen. Isabell kicherte, nicht weniger hysterisch, vor sich hin. Natalie war um einen unauffälligen Abgang bemüht und kommentierte jedes Geräusch – ob von der Katze oder von Isabell – mit einem ungehaltenen »Psssssssst!«. Ich tupfte mir im Gehen das Blut von den Händen und überlegte gerade, was für ein komisches Bild wir wohl abgaben, als wir fast mit einem Kunden zusammenstießen. Mit offenem Mund begutachtete er unsere kleine Prozession. Einen Moment lang sah er so aus, als wollte er auf der Stelle kehrtmachen und aus diesem Irrenhaus fliehen, solange er noch konnte. Kopfschüttelnd sah er uns hinterher.

»Guten Tag«, grüßte ich freundlich und lächelte entspannt. Bloß nichts anmerken lassen!

Endlich waren wir im Bad angekommen. Zu dritt zwängten wir uns und den Mülleimer in den kleinen Raum und schlossen unter den argwöhnischen Blicken des Kunden schnell die Tür. Mit vereinten Kräften fischten wir die Katze aus dem Müll und verabreichten ihr noch an Ort und Stelle ihre Narkose. Noch mehr Aufregung wollten wir schließlich weder ihr noch uns zumuten. Als wir uns ein paar Minuten später mit der friedlich schlummernden Katze aus dem engen Bad pellten, war der arme Mann im Flur endgültig verwirrt. Am liebsten hätte er wohl gefragt, was das alles zu bedeuten hatte. Dann entschied er sich offenbar dagegen – es war sicher besser, manche Antworten nicht zu kennen!

Einen interessanten und vollkommen anderen Fluchtplan hatte sich der altersschwache Schäferhund Alf ausgedacht. Alles schien wie immer, als ich eines Morgens mit dem Auto auf den Hof der Praxis fuhr. Dann entdeckte ich unseren Tierarzt Thorsten, der vor der Tür stand und offensichtlich auf mich wartete.

Der hat bestimmt seinen Schlüssel vergessen, dachte ich, während ich zum Eingang ging, wo ich fröhlich grüßte und meinen Schlüssel zückte.

»Das kannst du vergessen«, sagte Thorsten bedeutungsschwer.

»Wieso das denn?«, fragte ich.

»Du musst erst am Türsteher vorbei«, antwortete er und zeigte durch die Glasscheibe ins Innere der Praxis. Ich trat näher heran, um besser sehen zu können – und blickte direkt auf die gefletschten Zähne des betagten Schäferhundes.

»Das ist Alf«, sagte ich überrascht, »sollte der nicht eigentlich in seiner Box auf der Krankenstation sein?«

Da war er zumindest gewesen, als ich ihn am Abend zuletzt gesehen hatte. In der Zwischenzeit jedoch hatte er sich wohl befreit und einen Fluchtweg aus der Praxis gesucht. Weit war er natürlich nicht gekommen, denn alle Ausgangstüren waren hundesicher verschlossen. Also hatte er sich kurzerhand für eine neue, äußerst wirksame Taktik entschieden: Wenn er schon nicht rauskam, würden wir auch nicht reinkommen.

Da standen wir also und starrten uns durch die geschlossene Tür an, während Alf ein bedrohliches Knurren hören ließ. Thorsten und ich waren ratlos und leicht nervös – schließlich würden jeden Moment die ersten Patienten eintreffen. Alf dagegen wirkte gelassen. Er konnte warten.

»Gut«, sagte ich entschlossen. »Hier ist der Plan: Du lenkst ihn hier vorne ab, und ich nehme den Hintereingang.«

»Und dann?«, fragte Thorsten skeptisch.

»Dann bin ich drin!«, entgegnete ich gereizt. Was war der denn heute Morgen so schwer von Begriff?

»Ja, und was machst du dann? Wenn der Hund dich immer noch fressen will?«

»Darüber mache ich mir Gedanken, wenn es so weit ist!«, erklärte ich großspurig.

So ein bisschen Hund konnte mich doch nicht schocken! Schließlich war ich mit allen Wassern gewaschen! Während Thorsten am Haupteingang den schlecht gelaunten Türsteher beschäftigte, schlich ich mich also ums Gebäude herum und schloss leise die Hintertür auf. Schnell schlüpfte ich durch den Türspalt ins Innere. Das war ja einfach gewesen! Jetzt musste ich nur noch den Ausreißer zurück in seine Box bringen. Ich bog um die erste Ecke und prallte fast mit ihm zusammen – anscheinend hatte er mich gehört. Erstaunt sah er mich an.

»So mein Freund«, sagte ich gönnerhaft, »der Ausflug ist beendet.« In meinen Ohren klang ich genau so, wie ich klingen wollte: souverän, selbstsicher – und so was von cool! Alf dagegen schien nicht überzeugt zu sein. Mutig machte ich einen Schritt auf ihn zu. Der Schäferhund knurrte drohend und zeigte seine Zähne.

»Kann ich reinkommen?«, fragte Thorsten an der Vordertür.

»Äh … sofort. Ich muss nur noch den Hund einfangen!«, antwortete ich, plötzlich gar nicht mehr so mutig. Es war definitiv Zeit für Plan B. Der allerdings erst noch erfunden werden musste. Was bei dem Anblick der wütenden Bestie, die langsam näher kam, gar nicht so einfach war. Beim besten Willen wollte mir kein klarer Gedanke kommen.

Langsam wich ich vor dem Hund zurück, der die Praxis verteidigte, als hätte er sie mit eigenen Pfoten erbaut. Irgendwann fühlte ich die geschlossene Hintertür kalt in meinem Rücken: Der Fluchtweg war verstellt. Ich kam mir vor wie die Heldin in einem Hollywoodfilm, genauer gesagt wie das Opfer. Vorsichtig drückte ich hinter meinem Rücken die Klinke herunter, um mit eingekniffenem Schwanz abzuhauen. Da schoss Alf plötzlich mit vollem Tempo auf mich zu – und stürmte an mir vorbei ins Freie. Schnell schloss ich die Tür hinter ihm. Das war also Plan B! Ich war drinnen, der bissige Hund draußen im sicher eingezäunten Garten.

Toll, wie ich die Nerven behalten und die Situation gemeistert habe, dachte ich ironisch. So würde zumindest die offizielle Version lauten!

Ich ging zur Vordertür und ließ Thorsten rein, der einen besorgten Eindruck machte.

»Alles klar?«, fragte er und sah mich an, als würde er nach Fleischwunden suchen. »Hast du Alf eingesperrt?«

»Klar!«, antwortete ich, schon wieder obenauf. »Bei dem schönen Wetter habe ich ihn in den Garten gelassen, bis er nachher abgeholt wird.«

Dieselbe Geschichte erzählte ich später auch den Besitzern, die ihren Hund direkt im Garten in Empfang nehmen konnten. Sie freuten sich über die nette Idee. Nur Thorsten musterte mich misstrauisch, als käme ihm das Ganze etwas komisch vor, aber er stellte keine Fragen. Und ich hütete mich, ihm die Wahrheit über meinen feigen Auftritt zu erzählen!

Die zehn Todsünden einer Tierarzthelferin

oder: Eine Anleitung für Berufseinsteiger

Zu den vielen Lektionen meiner mittlerweile langjährigen Berufserfahrung gehörte auch diese: Wenn's um ihre Tiere geht, verstehen die meisten Leute keinen Spaß. Besonders von tiermedizinischem Fachpersonal erwarten die Besitzer entsprechend nur das Beste: umfassendes Fachwissen, leidenschaftliches Engagement und eine beinahe unmenschliche Leidensfähigkeit. Mit einer einzigen falschen Bemerkung kann man es sich leicht für immer verscherzen – und ein gekränkter Tierbesitzer ist in der Lage, einem das Leben echt schwer zu machen! Befolgt man als Berufsanfänger jedoch ein paar einfache Grundregeln, kann eigentlich (fast) gar nichts mehr passieren auf dem Weg zur perfekten Tierarzthelferin …

§ 1: Verwechsle niemals das Geschlecht eines Haustieres!
Die Ansprache eines Rüden mit »sie« empfindet der stolze Besitzer als persönliche Beleidigung. Noch schlimmer wird es, wenn es sich dabei um einen sagenumwobenen, prämierten Zuchtrüden handelt, dem die Männlichkeit geradezu aus dem Gesicht springt. So macht man sich keine Freunde!

Hinfällig ist § 1 nur bei Landwirten der älteren Generation. Hier gilt noch heute: »Der Hund = er; die Katze = sie«.

§ 2: Verwechsle niemals die Rassen!

Vor allem aber, was auch passiert, halte niemals ein Rassetier für einen Mischling! Solltest du tatsächlich einmal nicht die leiseste Ahnung haben, welcher Rasse das strubblige Fellknäuel angehören könnte, hüte dich auf jeden Fall vor Formulierungen wie »Was ist denn da mit drin?«. Merke: Je seltener und unbekannter die Rasse, desto bedeutsamer ist die korrekte Bezeichnung für den Besitzer! Die erfahrene Tierarzthelferin verlangt einfach souverän nach den Papieren. Sind diese nicht zur Hand, tut sie so, als könnte sie den Hund aus ihrem Blickwinkel gerade nicht richtig sehen und müsste nur deshalb nach der Rasse fragen. Auch durch die Rückfrage »Wie schreibt man das?« outest du dich schnell als Totalversagerin. Nutze stattdessen Bestimmungsbücher, Google oder ein Brainstorming mit erfahreneren Kolleginnen. Die goldene Regel lautet: Lerne kompetentes Auftreten bei völliger Ahnungslosigkeit – die Rasse, die du nicht kennst, muss erst noch erfunden werden!

§ 3: Streiche die Frage »Beißt der?« aus deinem Wortschatz.

Keines der Tiere, auf die du jemals treffen wirst, beißt! Wenn doch, so wirst du es sowieso erst durch den Gebissabdruck in deiner Hand erfahren. Der Besitzer eines bissigen Tieres wird dich niemals vor der Behandlung warnen. Schließlich besteht immer noch die Chance, dass das Tier sich zur Abwechslung einmal anständig benimmt – und dann wäre das peinliche Eingeständnis, ein Monster herangezogen zu haben, ja völlig umsonst gewesen! Verhält sich das Tier wie immer und fällt ohne Vorwarnung über dich her, so kann Herrchen immer noch fassungslos behaupten, das hätte es vorher noch nie gemacht. Also stell keine Fragen, und lass dich immer wieder neu überraschen. So wird der Job niemals langweilig!

§ 4: Lass dich niemals dazu hinreißen, ein Tier dick zu nennen.

Bei Haustieren ist das wie bei uns Menschen: Sie sind niemals zu dick! Sie haben schwere Knochen, sind besonders muskulös oder einfach zu klein für ihr Gewicht – aber niemals übergewichtig! Wenn es unbedingt notwendig ist, greife auf Formulierungen wie »gut dabei« oder »kräftig« zurück. Alles andere wird schnell als Beleidigung aufgefasst und endet in unschönen Szenen. Dabei steigt die Gefahr solcher Konflikte proportional zur Körpermasse der Besitzer: Je fülliger Herrchen oder Frauchen, desto mehr Diplomatie ist auch in Sachen »dickes Tier« gefragt!

§ 5: Misch dich niemals in die Erziehungsmethoden von Tierbesitzern ein!

Wenn Waldi im Wartezimmer jeden anknurrt, der es wagt, sich zu bewegen, und dafür ein Leckerchen nach dem anderen kassiert, solltest du tunlichst vorgeben, das nicht zu bemerken. Auch Besitzer, die pausenlos mitleidig auf ihre Tiere einreden und sich anschließend wundern, dass ihre Lieblinge so aufgeregt sind, wollen in der Regel nicht hören, dass sie selbst der Grund für die Nervosität ihrer Vierbeiner sind. Behalte deine Tipps für dich, bis du direkt und unmissverständlich um deine Meinung gebeten wirst. Und selbst dann gilt: Tierbesitzer machen keine Fehler – sie bieten höchstens ein wenig Verbesserungspotential! Am besten verweist du bei deutlichen Erziehungsproblemen auf professionelle Hundetrainer. Sollen die sich doch damit rumschlagen!

§ 6: Messe dich nicht mit fremden Autoritäten!

Wenn im Internetforum steht, dass klassische Musik gegen Flöhe hilft, dann ist das so! Was weißt du schon? Die medizinische Forschung steckt ja noch in den Kinderschuhen! Und was im Internet steht, ist immer richtig – sonst hätten die das da ja nicht geschrieben, oder? Völlig unnötig und regelrecht gefährlich ist es auch, den guten Ratschlägen eines Züchters an seine Käufer zu widersprechen. Der kennt sich schließlich mit den rassespezifischen Eigenarten am besten aus. Es gibt einfach bestimmte, besonders exklusive Rassen, bei denen nichts so ist wie bei den anderen Vertretern ihrer Art. Normale Standardbehandlungen wirken da nicht – im schlimmsten Fall kippt die vierbeinige High Society davon sogar um wie die Fliegen! Gut, dass der Züchter seine Leute gewarnt und auf der Basis seiner reichen Erfahrungen erfolgreichere Behandlungsmöglichkeiten entwickelt hat. Deine Ausbildung und alle medizinischen Wahrheiten dieser Welt gegen sein Fachwissen – ein Vergleich, den du nur verlieren kannst!

§ 7: Hüte dich vor Diskussionen, in denen Aussagen wie »Das mache ich schon seit 40 Jahren so!« vorkommen!

Klar, in 40 Jahren medizinischer Forschung hat sich viel verändert. Erfahrungsgemäß zeigt dieses Argument jedoch keine Wirkung. Wer vor 40 Jahren seinem Hund alle Knochen vom Tisch gefüttert hat, macht das auch heute noch – selbst dann, wenn du seinem Tier gerade erst in Vollnarkose die messerscharfen Rückstände aus dem Darm gespült hast. Also komm dem erfahrenen Tierhalter nicht mit deinem neumodischen Kram: Er weiß es besser! Und das schon seit 40 Jahren!

§ 8: Gewöhn dich schnellstmöglich an die eigenwillige, bereits diskutierte Auslegung des »Notfall«-Begriffs durch Tierhalter.

Humpelt etwa eine Katze schon seit zwei Wochen, bis der Besitzer endlich mitten in der Nacht anruft und sofort kommen will, so ist das definitiv ein Notfall! Diese Katze bis zum nächsten Morgen mit dem schlimmen Fuß sitzen zu lassen, grenzt an Tierquälerei! Also wage es nicht, das auch nur vorzuschlagen! Außerdem ist nachts das Wartezimmer immer so schön leer, und wenn Herrchen sowieso gerade nicht schlafen kann … Erspare den Besitzern deine engstirnige Vorstellung von Notfällen als plötzlich auftretende, schwerwiegende Notsituationen. Sonst könnte noch der Eindruck entstehen, du hättest keine Lust, für den seit drei Wochen hustenden Hamster deine Nachtruhe zu unterbrechen. Und das kann ja schließlich niemand wollen, oder?

§ 9: Eine Tierarzthelferin liebt alle Tiere!

Lass dich also bloß nicht vor den Augen der Patienten dazu hinreißen, die Mücke auf deinem Unterarm zu erschlagen! Du bist Tierarzthelferin, also benimm dich gefälligst auch so! Auch Mücken haben ihre Daseinsberechtigung, und von irgendetwas müssen die schließlich leben! Warte also mit einem milden Lächeln, bis sie satt und rund ist, und mach dich dann wieder an die Arbeit. Auch eine spinnentötende Tierarzthelferin sorgt im Wartezimmer erfahrungsgemäß für Tumulte. Am besten bringst du jede verirrte Tarantula schnell aus der Gefahrenzone. Wird sie nämlich versehentlich verletzt, so erwarten die Menschen von dir, dass du sie unter Einsatz modernster medizinischer Technik gesund pflegst. Wie sollen die Kunden sonst wissen, dass deine Tierliebe hinreichend ausgeprägt ist, um ihre Lieblinge angemessen zu betreuen?

Ausgenommen von § 9 sind Flöhe, Zecken und Würmer. Sie gelten selbst unter Tierbesitzern als offizielle Feindbilder und dürfen vom tiermedizinischen Fachpersonal ungestraft ausgerottet werden.

§ 10: Die Arbeit als Tierarzthelferin ist – ich erwähnte es bereits – genau genommen keine Arbeit, sondern ein Privileg! Deshalb ist die perfekte Tierarzthelferin niemals genervt, schlecht gelaunt oder überfordert, sondern in jeder Minute ihres Lebens dankbar. Wochenend- und Nachteinsätze machen ihr genauso viel Freude wie Privatberatungen an der Käsetheke oder beim romantischen Candle-Light-Dinner mit dem Partner. Selbst zu Hause dürfen ihre Kunden gerne schnell mal anklingeln, wenn sie in der Gegend sind und eine Frage an die Fachfrau haben. Die Tierarzthelferin bleibt immer wieder gern länger in der Praxis, wenn Herrchen und Frauchen unbedingt noch kommen wollen, aber zuerst den Film zu Ende gucken oder ihre Einkäufe erledigen möchten. Außer ihrer ausgeprägten Tierliebe hat sie ohnehin keine weiteren Interessen und kein Privatleben. Da ihr Job sie gänzlich ausfüllt, zeigt sie auch keinerlei Tendenzen, das jemals zu ändern. Zu guter Letzt weiß die Tierarzthelferin auch, dass Nichtigkeiten wie Schlaf vollkommen überbewertet werden. Deshalb reduziert sie diesen im Einsatz für die Praxis gerne auf ein Minimum. Schließlich kann sie ihre Müdigkeit ebenso gut mit einer großen Tasse Kaffee und etwas Make-up überwinden!

§ 10 ist die wohl wichtigste Grundregel für alle Berufsanfänger. Wann immer dir mal wieder jemand in der unmöglichsten Situation sagt, wie wunderschön dein Job ist, stimme ihm begeistert zu. Als Tierarzthelferin hast du eine Dauerkarte für die Sonnenseite des Lebens – also freu dich angemessen!

Gefährliche Reflexe

oder: Wie ein Hamster fliegen lernte

Der passende Reflex zur richtigen Zeit kann Leben retten – oder zumindest vor schmerzhaften Erfahrungen schützen. Im täglichen Praxisgeschehen erlebt man diesbezüglich eine Art natürlicher Selektion. Wer zu langsam ist, den bestraft das Leben. Bei uns natürlich in Form von Hunden, Katzen und anderen Ungetümen, die mit Genuss ihre Zähne oder Krallen in Menschenfleisch versenken, wann immer sie die Gelegenheit dazu bekommen. Diejenigen, die sich auch nach zwölf Berufsjahren noch über vollständige Gliedmaßen und ein absolut tageslichttaugliches Aussehen freuen können, haben sich an die Gefahren ihres Lebensraums optimal angepasst. Ich zum Beispiel, wie ich an dieser Stelle nicht ohne Stolz hinzufügen möchte.

Wer in der Tierarztpraxis überleben will, der braucht also einen gut funktionierenden Fluchtreflex. Womit ich natürlich nicht sagen möchte, dass wir bei Anzeichen von Gefahr immer gleich die Beine in die Hand nehmen und den Raum verlassen. Das würde wohl doch zu weit führen! Nein, ich spreche davon, im passenden Moment – so wie beim Anblick schnell näher kommender Zähne – die Hand, das Gesicht oder andere gefährdete Körperteile in Sicherheit zu bringen. Auch wenn das manchmal bedeutet, wie ein Feigling auszusehen. Dann nämlich, wenn sich zum Beispiel der brave Familienhund schwungvoll umdreht, um Ihre Hand zu lecken, und Sie diese in Erwartung eines hinterlistigen Angriffs reflexartig wegziehen. So etwas wird immer wieder mit Angst verwechselt. Und tiermedizinisches Fachpersonal, das Angst vor Tieren hat, kommt bei den meisten Besitzern gar nicht gut an! Aber sei's drum: Da sehe ich lieber ab und zu mal aus wie ein Weichei, als mich ständig beißen zu lassen. Und darin sind sich wohl die meisten Mitarbeiter einer Tierarztpraxis einig.

In mindestens einem Fall jedoch erinnere ich mich mit Schrecken an einen solchen Reflex, der beinahe zu einem Trauerfall geführt hätte.

An diesem besagten Tag assistierte ich meinem Chef höchstpersönlich bei der Kleintiersprechstunde. Der Big Boss war ein großer, schlanker Mann mit riesigen Händen, in denen Mäuse und andere Winzlinge immer etwas verloren wirkten. Nach einer Katze mit entzündeten Augen und einem Hund mit einer harmlosen Bissverletzung war ein Hamster an der Reihe, der sich aus unerklärlichen Gründen kratzte. Die ganze Familie war erschienen, um Fred zur Seite zu stehen. Die beiden kleinen Töchter trugen stolz die Transportbox und stellten sie vorsichtig auf dem Behandlungstisch ab.

»Na, dann wollen wir uns Fred mal genauer ansehen!«, verkündete mein Chef fröhlich in Richtung der besorgten Kinder, während er die Hamsterbox öffnete.

Fred dachte nicht daran, sich so einfach seinem Schicksal zu ergeben, und flüchtete in die äußerste Ecke seiner Behausung. Einen unschönen Moment lang fühlte ich mich an Degu Paul und das Versteck in der Küchenzeile erinnert – doch der Eingang durch den Lüftungsschlitz war ja zum Glück mittlerweile verschlossen.

»Ganz ruhig, ich tu dir nichts!«, säuselte der Tierarzt beruhigend. Behutsam griff er nach dem kleinen Tierchen. Schließlich hatte er ja versprochen, ihm nicht wehzutun. Umgekehrt gab es keine konkreten Absprachen, weshalb der Hamster ihm gleich mal ordentlich in den Finger biss. Mein Chef riss seine Hand aus dem Käfig und den gesamten Arm im hohen Bogen in die Luft. Fred jedoch war nicht so schnell gewesen wie der leidgeprüfte Tierarzt. Noch immer steckte er mit seinen winzigen Zähnchen in dessen Finger. Wohl oder übel hatte er also die unerwartete Reflexbewegung mitgemacht und sich tapfer geschlagen. Am Ende siegte jedoch die Fliehkraft. Hoch in der Luft verlor der Hamster den Halt – und sauste mit ordentlichem Schwung durch den Behandlungsraum.

Schließlich bremste die Wand seinen unfreiwilligen Flug. Wie im Comic schien er kurz auf halber Höhe an der Wand zu verharren, das Gesicht zu einer ungläubigen Fratze verzogen, bevor er endlich mit weit von sich gestreckten Pfötchen in die Tiefe rutschte.

Die ganze Zeit über hatte niemand ein Wort gesagt. Jetzt kam Leben in die Zuschauer. Erschrocken schnappten wir nach Luft und stürzten alle gleichzeitig auf den Hamster zu, der reglos auf dem Fußboden lag.

»Ist Fred tot?«, fragte eines der Mädchen mit Tränen in den Augen.

»Nein, der ist nicht tot, der ruht sich nur etwas aus!«, beruhigte ich sie und betete, dass das stimmte.

Vorsichtig hob mein Chef den Hamster auf. Und tatsächlich: Fred lebte! Langsam kam wieder Bewegung in den kleinen Körper, der auf den ersten Blick keine Verletzungen erkennen ließ. Konnte er diesen Stunt wirklich unbeschadet überstanden haben? Unter den kritischen Blicken der schockierten Besitzer checkten wir ihn von oben bis unten durch. Es ging ihm gut! Schweren Herzens erlaubte die Familie uns, ihn zur Beobachtung über Nacht in der Praxis zu behalten. Und wir hatten

Glück: Am nächsten Tag konnten die beiden Mädchen ihren fliegenden Hamster putzmunter und gesund mit nach Hause nehmen.

Nur mein armer Chef sollte noch lange an dem aufregenden Vorfall zu knabbern haben. Dafür sorgte sein Praxisteam, das sich nach dem anfänglichen Schrecken köstlich über »Flying Fred« amüsierte.

Kurzerhand erteilten wir ihm ein Kleintierverbot: Ab sofort sollte er nur noch Tiere behandeln, die er unmöglich mit einer Hand heben konnte. Sicher ist sicher.

Populäre Irrtümer

oder: Zum Kotzen mit den Menschen!

Manche Tiere fressen wirklich alles – Sie erinnern sich zum Beispiel bestimmt noch an Schnapsdrossel Rudi und seinen Rumtopf. Einmal kurz nicht hingeguckt, und schon haben die lieben Vierbeiner wieder was geklaut. Wenn sie nur die Wurst vom Frühstückstisch stibitzen oder ein Stück Torte von der Kaffeetafel, ist das zwar lästig, aber nicht weiter schlimm. Anders sieht es aus, wenn das Tier etwas frisst, das eigentlich gar nicht essbar ist.

Meine Katze zum Beispiel verschmäht regelmäßig Wurst, Käse und andere Leckereien. Aber wehe, sie findet eine Glasscherbe, den Verschluss eines Ohrrings oder sonst etwas Gefährliches, Unverdauliches. Sofort ist sie zur Stelle, trägt den kostbaren Fund glücklich im Maul durch die ganze Wohnung und würde ihn womöglich sogar fressen, wenn ich ihn ihr nicht hektisch aus dem Rachen ziehen würde.

Bei Hunden ist so ein Appetit auf Unbekanntes oft noch viel schlimmer: Ein Happs, und weg ist das Ding. Da kann man von Glück sagen, wenn es wenigstens nichts Giftiges war. Und nichts, das womöglich irgendwo auf den verschlungenen Pfaden des Magen-Darm-Trakts stecken bleiben und größere Probleme verursachen kann. So wie Pfirsichkerne, Schrauben, Gummibälle und all die anderen Dinge, die wir im Laufe der Jahre aus unzähligen Hunde- und Katzenkörpern herausoperieren mussten. Oder einfach nur die Familienpackung Kopfschmerztabletten oder die an Rattengift verendete Maus.

Regelmäßig erhielten wir in der Praxis die Anrufe besorgter Tierbesitzer, deren Hund oder Katze die unmöglichsten Dinge gefressen hatte. Wann immer wir Sorge hatten, das Gefressene könnte giftig sein oder den Weg Richtung Ausgang nicht schaffen, lautete die wichtigste Frage: Wann genau ist das passiert? Wenn man nämlich schnell genug ist, lässt sich das Problem oft aus der Welt schaffen, bevor es im Darm und somit erst einmal unerreichbar ist. Alles, was noch im Magen vor sich hin verdaut wird, lässt sich in der Regel relativ einfach wieder ans Tageslicht befördern. Wie das geht? Man beziehungsweise Tier bricht es wieder aus. Einfach, wenn auch nicht angenehm, aber davon war ja auch nie die Rede.

Hatte ein Hund also gerade erst den Stöpsel vom Waschbecken verschluckt, hieß es: sofort kommen! Nicht immer jedoch hatten die Besitzer den folgenschweren Moment beobachtet, in dem das Tier besagtes Objekt herunterschluckte. Oft war die Situation weniger eindeutig: Ein Hund spielte mit einer Walnuss – und plötzlich war sie weg. Oder der Hund hatte den Biomüll durchwühlt – und die vergiftete Maus, die dort in ihrem dunklen Grab gelegen hatte, war nicht mehr auffindbar.

»Haben Sie genau nachgesehen? Hat er es wirklich gefressen?«, fragten wir jedes Mal nachdrücklich.

Wenn die Besitzer das bestätigten, spritzten wir ein Mittel, das Erbrechen auslöst. Dann hieß es warten. Was folgte, war für den Hund eine echte Tortur. Wieder und wieder musste er sich übergeben. Und auch wir waren gefordert. Irgendjemand musste schließlich nachsehen, ob sich das Objekt der Begierde, also der Waschbecken-Stöpsel oder Ähnliches, unter dem Erbrochenen befand. Ich sage Ihnen, es gibt durchaus schönere Aufgaben! Meistens wurden wir schnell fündig. Manchmal allerdings auch nicht. Wenn der Magen irgendwann leer war, der arme Hund völlig erschöpft und das Gesuchte immer noch nicht dabei, hieß es, erst mal nach Hause fahren und beobachten. Vielleicht hatten wir ja Glück und der Fremdkörper suchte sich den natürlichen Weg in die Freiheit.

Also zogen Herrchen und Frauchen mit ihrem Sorgenkind nach Hause. Die armen Hunde konnten einem wirklich leidtun. Sie fühlten sich buchstäblich zum Kotzen und sahen auch so aus. Aus blutunterlaufenen Augen blickten sie uns anklagend an, während der Speichel von ihren Lefzen tropfte. So hatten sie sich den Ausflug sicher nicht vorgestellt! Eben war noch alles gut – und dann plötzlich diese Übelkeit! Aber es musste nun einmal sein. Meistens zumindest …

Denn immer wieder stellten die Besitzer nach der erfolglosen Brechaktion doch noch einmal ihr ganzes Haus auf den Kopf – und fanden den verschluckt geglaubten Gegenstand. Wenige Minuten später hatte ich sie dann erneut am Telefon.

»Die Walnuss lag unterm Schrank!«

»Mein Mann hatte die Maus doch auf den Kompost gebracht!«

»Der Stöpsel steckte im Abfluss, als ich gerade nach Hause kam!«

So einfach klärte sich die Sache also manchmal auf. Richtig glücklich machte das allerdings niemanden – wer kann sich schon freuen, wenn sein Hund gerade sein Bündel packt und ein Taxi ins nächstgelegene Tierheim bestellt? Wahrscheinlich bekamen die Geschädigten wenigstens ein paar Extra-Streicheleinheiten und etwas Leckeres zu fressen. Am nächsten Tag natürlich erst, wenn sie wieder feste Nahrung bei sich behalten konnten.

Kundenservice de luxe

oder: Wie man's macht, macht man's verkehrt

Auch nach zahlreichen Enttäuschungen und schmerzhaften Erfahrungen mit bissigen Piranhas, undankbaren Gebissträgerinnen und vielem mehr hatte ich mir den Anspruch bewahrt, die Sache mit dem Kundenservice wirklich ernst zu nehmen. Manchmal war das allerdings gar nicht so einfach …

Das Wartezimmer platzte aus allen Nähten. Die Menschenmasse, die vor der Anmeldung darauf wartete, endlich bedient zu werden, erinnerte mich an die Warteschlangen vor den Hauptattraktionen großer Vergnügungsparks. Notgedrungen hatten die Patienten sich zu einer platzsparenden Zickzack-Formation quer durch den Raum angeordnet.

Fehlen nur noch die Hinweisschilder »Wartezeit ab hier ca. 1,5 Stunden«, dachte ich sarkastisch.

Die nächste Kundin war eine freundliche alte Dame, die zwei ebenso alte Perserkatzen besaß. Für eine dieser Katzen benötigte sie deren Herztabletten. Schnell wie der Blitz hatte ich das Medikament aus dem Lager geholt und war schon wieder zurück an der Anmeldung, bevor die Kundin überhaupt ihren Satz zu Ende gesprochen hatte. Trotzdem war die Warteschlange in der Zwischenzeit um vier weitere Personen angewachsen. Ich nannte den Preis für die Tabletten, schob die Packung über den Tresen und nahm erleichtert den Geldschein der Katzenbesitzerin entgegen.

Gut, dass sie jetzt nicht nach Kleingeld kramt!, dachte ich

flüchtig. Schwungvoll gab ich das Wechselgeld heraus und wandte mich dem nächsten Kunden zu. Doch die alte Dame hatte noch ein Anliegen.

»Sie haben ja so viel zu tun«, druckste sie unbehaglich herum, »aber ich habe immer solche Schwierigkeiten, die Tabletten aus der Packung zu drücken. Und zu Hause habe ich niemanden, der mir dabei helfen könnte.«

Ich hatte tatsächlich viel zu tun und überhaupt keine Zeit. Trotzdem war mir Service wichtig – erst recht für eine so nette, hilfsbedürftige Kundin.

»Kein Problem, die Zeit nehmen wir uns«, versicherte ich also großmütig.

Unter den fassungslosen Blicken der anderen Kunden griff ich nach der Packung mit den Herztabletten und drückte in mühsamer Kleinarbeit Pille für Pille in ein Medikamententütchen. 100 Stück an der Zahl. Obwohl ich fast die Schallmauer durchbrach, war den Wartenden ihre Verstimmung deutlich anzusehen. Aber was sollte ich machen? Lächelnd gab ich der Dame ihr Tütchen und freute mich, dass sie sich freute. Was gibt es Schöneres als einen glücklichen Kunden? Wieder wandte ich mich dem nächsten Wartenden zu. Und wieder hielt mich die Katzenbesitzerin zurück.

»Wissen Sie, ich muss die Tabletten ja immer halbieren. Das ist gar nicht so einfach für mich – ich hab doch so schlimm Arthrose.«

Über den Tresen hinweg schenkte sie mir ein gewinnendes Lächeln. Ich warf einen Blick auf die ungeduldige Menschenmasse, die in ein bedrohliches Schnauben und Seufzen ausgebrochen war. Mit äußerster Selbstbeherrschung gelang es mir, einen Anflug von Unmut zu verbergen. Da lässt sie mich erst jede einzelne Tablette aus dem Blister drücken, und jetzt kommt sie damit um die Ecke? Aber sei's drum! Wahrscheinlich hatte sie sich vorher einfach nicht getraut, mich um diesen Gefallen zu bitten. Schicksalsergeben nahm ich also das Tütchen wieder an mich, schüttete die Tabletten auf die Ablage vor mir und machte mich ans Zerteilen. In rasender Geschwindigkeit verdoppelte ich die 100 Pillen auf 200 Hälften.

Hinter der Dame waren die Wartenden zu kollektivem Hufescharren übergegangen. Endlich hatte ich die letzte Pille geteilt. Schnell wischte ich die Tablettenhälften zurück in das Tütchen, das ich mit feierlicher Miene der Katzenbesitzerin überreichte. Ihr herzlicher Dank entschädigte mich für die mittlerweile offen feindseligen Blicke der übrigen Anwesenden. Als sie dann noch verschmitzt eine Tafel Schokolade aus der Handtasche zauberte, war es endgültig um mich geschehen. So was Nettes!

Wenn Sie mich jetzt darum bittet, fahr ich auch noch mit ihr nach Hause und geb der Katze die Tablette ein!, dachte ich glücklich. Doch die alte Dame hatte keine weiteren Anliegen und verließ zufrieden die Praxis. Sehr zur Erleichterung der wartenden Meute, die offenbar nur kurz vor der Massenhysterie stand.

Der Tag ging stressig weiter. Der Ansturm der Patienten riss nicht ab, im Labor stapelten sich Dutzende Proben, die alle möglichst gestern untersucht werden wollten, und ich musste seit geschlagenen zwei Stunden zur Toilette. Für solche Nebensächlichkeiten war allerdings mal wieder keine Zeit. Mein einziger Trost war die langsam verblassende Erinnerung an die freundliche Omi, die mir mit ihrem herzlichen Dank den Tag versüßt hatte. Gedankenverloren begrüßte ich die nächste Kundin, die heute offensichtlich noch keine erfreuliche Begegnung hinter sich hatte. Hui, was war die schlecht gelaunt! Auf die Idee, dass ich dafür verantwortlich sein könnte, kam ich gar nicht. Bis sie mir mit anklagendem Blick ein Medikamententütchen entgegenwarf, das mir seltsam bekannt vorkam.

»Waren Sie heute Nachmittag auch an der Anmeldung?«, fragte sie barsch.

Ich nickte eingeschüchtert.

»Dann erklären Sie mir mal, was das soll! Meine Mutter hat heute die Herztabletten für ihre Katze gekauft. Jetzt mach ich gerade die Tüte auf, und die sind alle kaputt! Haben Sie geglaubt, mit der alten Frau könnten Sie's ja machen?«

Sprachlos starrte ich die Tüte mit den liebevoll in zwei Hälften gebrochenen Tabletten an. Mein Höhepunkt des Tages. Der selbstlose Einsatz, mit dem ich einen ganzen Mob wütender Wartender gegen mich aufgebracht hatte. Diese edelmütige Serviceleistung, für die ich mein eigenes Leben riskiert hatte …

Stammelnd erklärte ich der Kundin die Situation. Die zuckersüße Erinnerung an die dankbare Dame war längst der erbosten Anschuldigung ihrer Tochter zum Opfer gefallen. Und doch lieferte die eben noch so aufgebrachte Frau mir mit ihrem kleinlauten Abgang ein neues Highlight der völlig anderen Art: Bis dato war ich mir sicher gewesen, der Vergleich von Gesichtsfarben mit überreifen Tomaten wäre nichts als eine maßlose Übertreibung …

Der große Häuptling

oder: Allein unter Frauen

Als männlicher Tierarzt ist man in der Kleintierpraxis mit ziemlicher Sicherheit der sprichwörtliche Hahn im Korb. Auch in unserer Praxis gab es Phasen, in denen unser Chef als einziger Mann praktizierte. Allerdings hatte ich nie den Eindruck, dass er sich groß daran störte. Im Gegenteil: Unser Hahn hatte viel Spaß mit seinen Hühnern – und wir auch mit ihm. Zum Beispiel, wenn wir uns gemeinsam über fliegende Hamster und andere Kuriositäten amüsierten. Als »Quotenmann« im Team bereitete unserem Chef besonders unser Interesse für gewisse männliche Patienten eine große Freude. Als er uns zum ersten Mal von einem »Schnittchen« reden hörte, womit wir einen ziemlich attraktiven Kunden bezeichnet hatten, amüsierte er sich köstlich. Von da an versuchte er immer wieder herauszufinden, wie genau denn so ein Schnittchen aussehen musste. Da sich das aber gar nicht so einfach erklären lässt, verlegten wir uns auf praktischen Unterricht. Soll heißen: Wann immer ein halbwegs attraktiver Mann den Behandlungsraum verließ, fragte der Chef: »Und, war das jetzt ein Schnittchen?«

Als Mann lag er mit seinen Vermutungen ständig völlig daneben. Mit der Zeit lernte er aber dazu – und außerdem gab es einige Männer, denen das Wort »Schnittchen« von ganz allein aus dem Gesicht sprang. So wie einem unverschämt gutaussehenden Diensthundeführer der Polizei, der eines Tages mit seiner Belgischen Schäferhündin zu uns kam.

Sofort herrschte in der Praxis der Ausnahmezustand. Mit leuchtenden Augen und geröteten Wangen rissen wir Tierarzthelferinnen uns darum, bei der Behandlung zu assistieren. So viel Eifer blieb dem Chef natürlich nicht verborgen, der sich kaum das Lachen verkneifen konnte. Ständig schickte er eine von uns los, um ihm irgendwelche sinnlosen Sachen zu bringen, und spannte uns großzügig bei Handgriffen ein, die er eigentlich durchaus alleine erledigen konnte. Wir ignorierten sein wissendes Grinsen und konzentrierten uns darauf, möglichst oft einen Blick auf das Schnittchen zu erhaschen. Leider konnte ich meinen Platz an der Anmeldung nur selten verlassen und bekam nicht viel von der ganzen Aufregung mit. Bis die Behandlung beendet war und der attraktive Mann direkt an meinem Tresen auf die Medikamente seines Hundes warten musste.

Jetzt gehörte er mir! Fast jedenfalls, denn im Labor hinter mir hörte ich die Kolleginnen flüstern, die den hübschen Hundeführer wahrscheinlich durch den Türschlitz hindurch anstarrten. Auch er schien das Getuschel zu hören und wirkte verlegen. In diesem Moment kündigte die Sprechanlage in meinem Rücken durch ihr metallisches »Dingdangdong« eine Durchsage an. Automatisch lehnte ich mich dem Lautsprecher entgegen, um besser hören zu können.

»SCHNITTCHENALARM!«, brüllte mein Chef durch die ganze Praxis – offenbar in der Annahme, das Schnittchen selbst wäre längst weg. Im Labor hinter mir war deutlich das mühsam unterdrückte Kichern meiner Kolleginnen zu hören. Fragend schaute mich der Patient an. Ich spürte, wie mir die Röte ins Gesicht schoss.

»Ähm … der Chef hat Hunger. Dann machen wir ihm immer ein paar Schnittchen!«, stammelte ich wenig überzeugend.

Krachend schlug jemand die Labortür zu. Das wiehernde,

hysterische Gelächter im Inneren war trotzdem nicht zu überhören.

»Aha«, antwortete das Schnittchen skeptisch.

Ich wünschte mir das berühmte Loch, um augenblicklich von der Bildfläche zu verschwinden, aber das Schicksal kannte keine Gnade mit mir. Endlich hatte der Kunde alle Sachen beisammen. Leicht verunsichert verabschiedete er sich und verließ die Praxis. Kaum hatte sich die Tür hinter ihm geschlossen, kamen meine völlig aufgelösten Kolleginnen und mein mindestens genauso albern kichernder Chef aus ihren Löchern gekrochen. Wie die Hühner lachten wir gackernd, bis uns die Tränen kamen. Das Schnittchen sahen wir nie wieder. In dieses Irrenhaus brachten ihn wohl keine zehn Pferde ein zweites Mal!

Mysterien der Medizin

oder: Ursache und Wirkung

Es gibt Dinge im Leben, auf die hat man einfach keinen Einfluss. Damit erzähle ich Ihnen nichts Neues. Besitzer treiben ihre Hunde in den Wahnsinn, Männer brechen auf Praxisfußböden zusammen, und Computer werfen mit hirnrissigen Berufsvorschlägen um sich. Doch dann gibt es auch Ereignisse, die wir nicht nur beeinflussen, sondern sogar verursachen. Und damit meine ich nicht einmal das Waldsterben, die globale Erwärmung oder ähnlich umfassende Probleme dieser Welt. Nein, ich spreche von den kleinen Dingen des Lebens – und davon, wie diese es immer wieder schaffen, zu riesigen Herausforderungen zu mutieren.

Das perfekte Beispiel zum Thema »Herausforderungen« lieferten in unserer Praxis Frau Sperber und ihr Yorkshire-Terrier Queeny. Frau Sperber war um die vierzig, groß, blond und auf eine barbiehafte Weise gutaussehend. Das musste sie wohl auch sein, denn sie war Kosmetikerin. Schon rein äußerlich fiel sie mit ihren kunstvoll toupierten Haaren und den roten Lack-Stöckelschuhen in der Praxis auf. Wirklich laufen konnte sie in den Schuhen nicht – aber was soll's? Wer schön sein will, muss leiden! Und schön war Frau Sperber. Nur mit den praktischen Dingen des Lebens tat sie sich manchmal etwas schwer.

So war sie zum Beispiel die einzige Kundin in meinen zwölf Jahren Tierarztpraxis, der es grundsätzlich nicht gelang, ihrem durchaus umgänglichen Hund Medikamente zu verabreichen.

Natürlich passierte es immer wieder, dass ein Besitzer mit der Tabletteneingabe Schwierigkeiten hatte. Frau Sperber jedoch konnte darüber hinaus weder Salben auftragen noch das Flohmittel in Queenys Nacken träufeln. Ihre meterlangen Fingernägel schienen dabei nur einen kleinen Teil des Problems auszumachen. So kam sie mit ihrem Hund für jede Kleinigkeit in die Praxis, und wir nahmen ihr solch knifflige medizinische Tätigkeiten gerne ab.

Anfangs versuchte ich, sie unter meiner fachkundigen Anleitung selbst Hand anlegen zu lassen. Ich bildete mir ein, auf diese Weise erkennen zu können, wo genau das Problem lag, und wollte der Besitzerin die passenden Handgriffe beibringen. Das Problem bestand jedoch im weitesten Sinne darin, dass es kein Problem gab, das ich hätte aus der Welt schaffen können. Minutenlang hantierte Frau Sperber nervös mit der Salben-

oder Tablettenpackung herum, bis sie schließlich, den Tränen nahe, das Handtuch warf und sich schlichtweg weigerte, sich weiter mit der Sache zu beschäftigen. Queeny stand während der gesamten Zeit unbeweglich auf dem Behandlungstisch und wartete geduldig ab.

Schließlich gab ich die Suche nach den Ursachen auf und erledigte alle anfallenden Behandlungen ohne weitere Rückfragen direkt vor Ort. Doch die Kosmetikerin stieß beinahe täglich auf neue Schwierigkeiten im Zusammenleben mit ihrem Hund.

»Ich glaube, Queeny ist krank!«, eröffnete sie mir eines Tages besorgt und klimperte auf ihre unnachahmliche Weise mit den Wimpern ihrer runden Kulleraugen.

»Was ist denn los?«, fragte ich mitfühlend.

»Immer wenn ich hier drücke«, erklärte sie und rammte ihren Zeigefinger mit voller Wucht in die Rippen des winzigen Hundes, »knurrt sie!« Tatsächlich sah der Yorki augenblicklich alles andere als glücklich aus.

Kein Wunder!, dachte ich. Wie würden Sie reagieren, wenn ich Ihnen meinen Finger mit Schmackes in die Seite stechen würde? Und dafür musste sie einen Tierarzt konsultieren? Das war doch wohl nicht ihr Ernst! Was kam als Nächstes? Immer wenn ich meinem Hund ein Messer ins Auge steche, jault er? Jedes Mal, wenn ich meiner Katze auf den Schwanz trete, faucht sie?

»Kann man da was machen?«, fragte die Besitzerin mitten in meine Gedanken hinein.

Tja, das war die Preisfrage! Was konnte man da nur machen? Bei so einem mysteriösen Krankheitsverlauf! Manche Dinge sind einfach unerklärlich …

»Ja, da kann man schon was machen«, verriet ich Frau Sperber und weihte sie in eine geheime Therapieform ein: »Wenn

Queeny das nur macht, wenn Sie sie fest in die Seite piksen, dann lassen Sie das doch einfach sein!«

Ich erwartete, dass sie sich mit der Antwort nicht zufriedengeben und darauf beharren würde, dass die Reaktion des Hundes nicht normal war. Doch weit gefehlt. Mit großen Augen lauschte die Besitzerin meinem professionellen Rat und versprach, ihn gleich mal auszuprobieren. Erleichtert stöckelte sie nach Hause und erwähnte das mysteriöse Knurren nie wieder. Es geht doch nichts über eine gute medizinische Fachberatung!

Jagdfieber

oder: Der Ausreißer

In all den Jahren Praxisalltag passierte es nicht sehr oft, dass unsere Patienten sich über einen Besuch bei uns freuten. Die wenigen, die uns wie Queeny Sperber abgöttisch liebten und freiwillig auf den Tisch sprangen, könnte ich Ihnen heute noch namentlich aufzählen. Bei den meisten tierischen Besuchern rangierten wir auf der Beliebtheitsskala nämlich in nächster Nähe des letzten Platzes.

Auch Kater Leon wirkte bei jedem Tierarztbesuch, als stünde er kurz vor einem Herzanfall. Da er Diabetiker war und wir regelmäßig seine Blutwerte kontrollieren mussten, sah er uns leider häufiger. Seine Besitzer, Frau und Herr Köster, liebten ihren Leon sehr und litten jedes Mal mit ihm. Wenn die Behandlung vorbei war und die Katze wieder in ihrer Transportbox verschwinden durfte, atmeten alle Beteiligten erleichtert auf.

An einem denkwürdigen Tag allerdings fing mit dem Antritt der Heimreise das Drama erst an. Die Kösters hatten glücklich die Praxis verlassen und wollten die Katzenbox gerade ins Auto heben, als sich das Unterteil von der Abdeckung löste und samt Kater auf den Boden krachte. Ehe irgendjemand reagieren konnte, gab Leon Fersengeld und machte sich panisch aus dem Staub. Schnell wie der Blitz verschwand er in dem Wald, der an unsere Praxis grenzte, und ward nicht mehr gesehen. Die Besitzer durchkämmten die gesamte Umgebung und riefen wieder und wieder nach ihrem Kater, doch der blieb unauffindbar.

Wir halfen natürlich bei der Suche, doch die Wahrscheinlichkeit, dass sich das scheue Tier von jemand anderem als Herrchen und Frauchen einfangen ließ, war verschwindend gering.

Ein weiteres Problem bestand darin, dass Familie Köster nicht in der Nähe der Praxis wohnte, sondern in einer etwa 30 Kilometer entfernten Kleinstadt. Abgesehen von all den Gefahren des Straßenverkehrs befürchteten wir deshalb, dass Leon den Weg nach Hause nicht finden würde. Trotzdem blieb den besorgten Besitzern nach mehreren Stunden Suche nichts anderes übrig, als nach Hause zu fahren und das Beste zu hoffen.

Parallel hatten wir uns mittlerweile eine Lebendfalle vom Tierschutz geliehen. Wenn der Kater nicht wusste, wohin er gehen sollte, würde er vielleicht in der Gegend bleiben. Das hofften wir zumindest und bestückten die Falle mit dem leckersten Katzenfutter, das wir in unserem doch sehr gesundheitsbewussten Vorrat finden konnten. Dann präparierten wir die Falltür, die durch das Betreten der Falle ausgelöst wurde und sich hinter dem angelockten Tier schließen sollte. Zuletzt platzierten wir das ganze Konstrukt am Rande des Waldes, in den Leon geflüchtet war. Jetzt hieß es warten und hoffen.

Zum Feierabend – es war längst dunkel und das Verschwinden der Katze lag einige Stunden zurück – kontrollierte ich die Falle. Die Falltür stand einladend offen, das Futter war unberührt. Ein so schneller Erfolg wäre ja auch zu schön gewesen! Bevor ich nach Hause fuhr, telefonierte ich mit Frau Köster. Auch sie konnte keine Neuigkeiten berichten. Sie und ihr Mann wollten noch einmal zur Praxis fahren und nach Leon rufen. Wir versprachen uns gegenseitig, sofort anzurufen, wenn es etwas Neues gäbe, und verabschiedeten uns bedrückt.

Die Kontrolle am nächsten Morgen verlief ebenfalls enttäuschend. Herr Köster rief gleich morgens früh an und hoffte auf eine gute Nachricht, die ich ihm leider nicht liefern konnte. Der Kater blieb verschollen. Der ganz normale Praxis-Wahnsinn setzte ein und ließ mich Leons Schicksal für eine Weile vergessen. Erst als gegen Mittag zum ersten Mal etwas Zeit zum Durchatmen war, dachte ich wieder an Familie Köster. Schnell ging ich raus, um die Falle zu kontrollieren, und sah schon von Weitem, dass die Falltür geschlossen war. Aufgeregt näherte ich mich dem sperrigen Käfig. Er war leer. Keine Spur von einem Tier. Und keine Spur von dem Futter, das wir so liebevoll am äußersten Ende der Falle platziert hatten. Irgendein cleveres Tierchen war offenbar geschickt genug gewesen, sich den Bauch vollzuschlagen und unbehelligt wieder abzuhauen. So eine Unverschämtheit! Enttäuscht holte ich neues Futter und machte die Falle wieder scharf. Bis zum späten Abend, als ich Feierabend machte, passierte jedoch nichts.

Dafür hatte sich der neue Open-Air-Futterservice bis zum nächsten Tag anscheinend rumgesprochen. Über Nacht war uns ein Igel in die Falle gegangen. Auch er hatte offenbar mit Genuss das gesamte Futter vertilgt und sich nur wenig davon beeindrucken lassen, dass ihm der Rückweg versperrt gewesen war. Gut ausgeschlafen, satt und zufrieden erwartete er mich, als ich morgens nach der Falle sah.

»Das ist hier doch kein Igelasyl!«, schimpfte ich, enttäuscht über den erneuten Misserfolg.

Mecki sah mich ungerührt aus seinen kleinen Kulleraugen an und zeigte keinerlei Verständnis für unsere Notlage. Ich öffnete die Tür und wartete, bis er sich gemächlich aus dem Staub gemacht hatte. Wieder präparierte ich die Falle neu, und wieder hatte ich keine guten Nachrichten für die immer besorgteren Katzenbesitzer. Als ich gegen Nachmittag schließlich noch ein Kaninchen in der Nähe der Falle erwischte, das gerade interessiert den Mechanismus der Tür untersuchte, entschied ich mich für einen Standortwechsel. Ich schleppte die Falle an einen geschützten Platz nahe der Hauswand und hoffte, Mecki und Co. dadurch abzuschrecken.

Bei der abendlichen Kontrolle klopfte mein Herz endlich wieder schneller: Irgendetwas war uns in die Falle gegangen. Während ich mich näherte, hoffte ich, dass es nicht wieder der verfressene Igel war! Nein, es war eine Katze! Aufgeregt lief ich die letzten Schritte, bückte mich stolpernd zur Falle herunter – und blickte in das wohlbekannte Gesicht von Nachbarskater Mäxchen. Freudig begrüßte er mich, rieb sein Mäulchen an den Gitterstäben und verlangte nach seiner Befreiung.

Oder du gibst mir mehr von dem leckeren Futter?, fragte sein Blick. Dann bleib ich länger!

»Nix da!«, schimpfte ich und schlug ihn etwas unsanft in die Flucht. »Du kannst zu Hause fressen!«

Doch es war passiert: Mäxchen hatte die Vorzüge eines Zweitwohnsitzes für sich entdeckt. So schnell, wie er kam, um das Lockfutter zu fressen, konnten wir die Falle gar nicht neu bestücken. Ich mochte Mäxchen. Wirklich! Aber in den nächsten zwei Tagen trieb er mich zur Weißglut. Mittlerweile war Leon seit vier Tagen verschwunden. Ich hatte wenig Hoffnung, dass wir ihn noch einfangen würden, und diskutierte die Sache mit Natalie, als wir abends gemeinsam die Falle kontrollierten. Auch meine Kollegin war der Meinung, dass der Kater längst nicht mehr in der Gegend war. Sonst hätte ihn irgendjemand sehen müssen. Oder er hätte irgendwann auf die Rufe seiner Besitzer reagiert, die noch immer mehrmals täglich unseren Wald durchkämmten. Aber Natalie war noch nicht bereit aufzugeben. Und sie hatte recht: Es konnte nicht schaden, die Falle weiterhin aufzustellen. Hinter der Hecke des Nachbargrundstücks meinte ich, Kater Mäxchen wahrzunehmen, der einen ausgelassenen Freudentanz aufführte.

Einigermaßen gelangweilt sah ich am nächsten Morgen, dass mal wieder ein Übernachtungsgast in unserem Käfig hockte.

Blödes, verfressenes Vieh!, dachte ich wenig charmant und näherte mich der Falle, um Mäxchen zu befreien. Dann sah ich eine zweite Katze, die neben dem Käfig saß. Mäxchen! Ein schlecht gelauntes, hungriges Mäxchen. Da war ihm doch tatsächlich jemand zuvorgekommen und hatte sich mit seinem Futter eingesperrt!

Gut, dass du da bist!, sagte Mäxchens anklagender Blick. Hol das Vieh da raus, ich hab Hunger! Doch ich hatte nur Augen für die Katze in der Falle. Rot getigert, so wie Leon. Weiße Hinterbeine und ein weißer Fleck auf der Brust. So wie Leon. Aufgeregt rief ich das gesamte Praxisteam zusammen. Auf keinen Fall wollte ich Familie Köster falsche Hoffnungen machen wegen eines fremden Katers, der nur so aussah wie Leon. Aber er war es! Wir riefen die Besitzer an, die sich sofort auf den Weg machten. Ich führte sie in den Raum, in dem wir unseren vielversprechenden Fang in Sicherheit gebracht hatten. Die herzerweichende Wiedersehensfreude löschte auch den letzten Zweifel aus. Nach fünf Tagen war der Ausreißer endlich wieder da! Bloß gut, dass Natalie sich durchgesetzt hatte. Die Jagdsaison war beendet. Nur Mäxchen sprach lange Zeit kein Wort mehr mit uns.

Neulich im Wartezimmer

oder: Umsonst ist nur der Tod

Es war der Sonntag nach Leons ungeplantem Ausflug. Eigentlich war ich schon gar nicht mehr da. Obwohl ich also versuchte, mich entsprechend unauffällig in den dunklen Praxisräumen zu bewegen und keine vorbeifahrenden Tierbesitzer zu einem spontanen Notdienstbesuch zu motivieren, klopfte es plötzlich wie wild an der Tür. Ich zögerte. Eigentlich hatte ich ja längst Feierabend. Und wer im Feierabend ist, kann auch nicht die Tür öffnen. Er kann keine uralten Notfälle versorgen, sich nicht mit hysterischen Tierbesitzern über hohe Notdienstgebühren streiten und auch nicht sein seit ewigen Zeiten geplantes Essen mit den alten Schulfreunden versäumen. All das sind die Privilegien derer, die ihren Arbeitstag bereits für beendet erklärt haben.

Das Klopfen wurde lauter. Ich konzentrierte mich darauf, nicht mehr da zu sein. Bis sich mein Gewissen einschaltete. Das blöde Schaf!

»Vielleicht ist es wirklich ein Notfall!«, gab meine innere Stimme zu bedenken. Ich ignorierte sie und wartete ungeduldig auf das Erscheinen des Teufelchens. So läuft das doch, oder? Engelchen und Teufelchen machen zwei gegensätzliche Vorschläge, und ich suche mir den besseren davon aus. Eine tolle Sache, so etwas! Teufelchen jedoch war wohl anderweitig beschäftigt und beehrte mich an diesem Sonntag nicht mit seiner ersehnten diabolischen Empfehlung.

Es klopfte immer noch.

»Ist ja gut, du hast gewonnen!«, schrie ich mein ätzend vorbildliches Gewissen an und öffnete die Tür.

»Ciao! Hallo!«, begrüßte mich ein südländisch aussehender Herr. Seine Kinder – es waren gefühlte 28 – hatten ihre Fahrräder auf dem gesamten Hof verstreut und sich mit offenen Mündern hinter ihrem Vater versammelt.

»Hallo«, antwortete ich, »kann ich Ihnen helfen?«

»Biste du Tierarztpraxis?«, fragte der Mann.

Nee, bin ich nicht! Ich arbeite nur in einer!, dachte ich gehässig.

»Ja, wir sind eine Tierarztpraxis«, bestätigte ich brav.

»Ich bin Problemo«, sagte der Besucher.

Ja, dachte ich, das habe ich auch schon gemerkt!

»Was für ein Problem haben Sie denn?«, erkundigte ich mich zuvorkommend.

»Habe ich uno Vogel«, erklärte der Mann, und damit war für mich alles klar. Aber es ging noch weiter: »Vogel ist krank, molto schlecht!«

»Sie können gern mit ihm vorbeikommen«, bot ich an.

»Kriegste du Geld dafür?«, fragte mich der Vogelbesitzer misstrauisch.

»Ja, das kostet etwas«, bestätigte ich unbedarft. Was war das denn überhaupt für eine Frage? Natürlich kostete das etwas, wenn wir seinen Vogel behandelten. Umsonst ist nur der Tod! Der sonntägliche Besucher sah das anders.

»Isse scheise! Basta!«, schrie er ohne jegliche Vorwarnung und stampfte wie ein hysterischer Kobold mit den Füßen. »Habe ich kein Geld! Ich bin Sozialhilfe!«

»Tut mir leid«, entschuldigte ich mich, »vielleicht wird es ja gar nicht teuer.«

Wütend bedachte mich der Mann mit einem unverständlichen Wortschwall in einer mir unbekannten Sprache. Ich verstand nur eines: Er war nicht glücklich mit meinen Auskünften.

Schließlich griff er nach seinem Fahrrad und wandte sich, immer noch laut argumentierend, zum Gehen. Die 28 Kinder mit ihren 28 Drahteseln folgten seinem Beispiel. Wie ein aggressiver Bienenschwarm summten sie vom Hof, immer dem Papa hinterher. Fassungslos stand ich in der Tür und beobachtete den Abgang. Fast hätte ich mich geärgert. Aber genau genommen war ich ja gar nicht mehr da. Und wer nicht mehr da ist, der kann sich auch nicht aufregen. Noch so ein Vorteil! Ich konzentrierte mich also wieder ausschließlich auf meine nicht vorhandene Anwesenheit und nahm mir vor, das jetzt öfter zu machen. Nichts ist entspannender!

Ei oder Henne?

oder: Tierärzte unter sich

Jede Berufsgruppe hat wohl so ihre Eigenarten – zumindest werden den Angehörigen verschiedener Professionen die unterschiedlichsten Eigenschaften nachgesagt. Die Rede ist von mehr oder weniger zutreffenden Verallgemeinerungen wie »Models sind dumm«, »Lehrer wissen alles besser« oder »Polizisten wollen alles bestimmen«. Ich weiß, das trifft nicht immer zu, aber haben Sie sich selbst noch nie bei solchen Vorurteilen ertappt? Etwa wenn Ihre beste Freundin Ihnen von ihrer neuen Liebe erzählt – einem Steuerberater – und Sie gleich an einen grau gekleideten Herrn denken und sich fragen, wie unterhaltsam der denn wohl sein kann? Sehen Sie, genau so etwas meine ich! Und ich frage mich, welches Image wohl Tierärzte und Co. in der Öffentlichkeit haben. Mir ist da nichts Spezielles bekannt – dabei gibt es über die Angehörigen dieser Berufsgruppe nun wirklich jede Menge Kurioses zu berichten! Das jedenfalls weiß ich zufällig aus eigener Erfahrung …

Eines möchte ich vorneweg klarstellen: Entgegen möglicher anderer Vermutungen verfügen auch Vertreter der veterinärmedizinischen Berufe durchaus über Riechvermögen und Empfindungen wie Ekel. Auch wenn Letzteres häufig aus der Not heraus erst da einsetzt, wo »normale« Menschen schon der Ohnmacht nahe sind. Nur weil ich Tierarzthelferin bin, reiße ich mich trotzdem nicht ständig um die ekligsten Jobs! Falls Sie einen gegenteiligen Eindruck haben, so liegt das sicherlich daran, dass wir manchmal das nötige Feingefühl gegenüber Außenstehenden verlieren. So kann es schon mal vorkommen, dass wir uns beim Essen angeregt über Abszesse, Kotproben oder andere Details aus unserem Berufsalltag unterhalten und die grüne Gesichtsfarbe aller anderen Anwesenden glatt übersehen. Sehr zum Leidwesen unserer Partner und Freunde. Aber mal ehrlich: Wer während der nächtlichen Not-OP die Chipstüte herumgehen lässt, um der einsetzenden Unterzuckerung seiner Kollegen entgegenzuwirken, hat einfach keinen Sinn mehr für solche Feinheiten.

Genauso amüsant ist die Neigung von Tierärzten und ihren Angestellten, die Behandlung eigener Erkrankungen einfach selbst in die Hand zu nehmen. Mit wechselndem Erfolg. Die Selbstmedikation bei entzündeten Bissverletzungen zum Beispiel funktioniert erfahrungsgemäß einwandfrei. Zumindest dann, wenn erst einmal die schwierige Frage nach der Dosierung geklärt ist.

»Meinst du, die halbe Schweinedosis ist zu viel? Oder nehme ich doch besser die dreifache Hundedosis?«, fragt man dann in die Runde und trifft die Entscheidung wenig wissenschaftlich aus dem Bauch heraus.

Ich muss wohl nicht erst erwähnen, dass solche mutigen Selbstversuche auch danebengehen können. So wie im Falle meines Chefs, den einen Tag vor seinem Flug in den Urlaub ein schlimmer Husten plagte. Als er Feierabend machte, gönnte er sich einen ordentlichen Schluck aus der Hustensaftflasche für Pferde und legte sich kurz aufs Sofa. Nach einem kleinen Nickerchen wollte er den Koffer packen – schließlich ging sein Flug früh am nächsten Morgen. Eine folgenschwere Entscheidung, mit der er jede Menge Aufregung verursachte. Denn als sein Bruder ihn am Morgen abholen und zum Flughafen bringen wollte, stand er vor verschlossenen Türen. Nachdem er minutenlang vergeblich an die Haustür gehämmert hatte, brach er sie besorgt auf – und fand seinen Bruder friedlich schlummernd auf dem Sofa. Nach einer halben Ewigkeit gelang es ihm endlich, den Tierarzt zu wecken. Der war selbst nicht weniger überrascht. Das Letzte, woran er sich erinnerte, war der Schluck aus der Hustensaftflasche, der ihn offenbar vollkommen umgehauen hatte. Natürlich war auch der Koffer noch nicht gepackt. In Windeseile warf der erleichterte Bruder ein paar Sachen in den Koffer und verfrachtete den arg verkaterten Urlauber ins Auto.

So nahm doch noch alles ein gutes Ende. Der Husten war übrigens weg. Von dem besagten Säftchen ließen wir künftig aber brav die Finger.

Weniger gut läuft es oft mit der Versorgung größerer Verletzungen, die der findige Tierarzt genauso gerne selbst übernimmt. Ich erinnere mich dunkel an mindestens einen Fall, in dem ich einen unserer Tierärzte in einer Nacht-und-Nebel-

Aktion aus der Praxis abholen und ins Krankenhaus fahren musste. Der nämlich hatte sich beim Brennholzhacken eine ordentliche Klinke in die Hand gehauen und sich kurzerhand überlegt, die klaffende Wunde in der Praxis schnell selbst zusammenzuflicken. Erst nach dem vierten Stich und heftigen Schwindelattacken war ihm aufgefallen, dass das mit *eigenem* Blut und *eigenen* Schmerzen doch eine ganz andere Nummer ist.

Selbstversuche mit Elektrokautern und Wundklammern zur Versorgung fieser Fleischwunden haben die meisten von uns wohl ebenfalls schon hinter sich. Das Ergebnis ist stets dasselbe: Tut verdammt weh, so etwas! Dann vielleicht doch lieber die professionelle Versorgung beim Humanmediziner. Ganz undramatisch, mit Betäubung und so!

Natürlich haben die Veterinäre alle dafür erforderlichen Mittelchen selbst im Hause – vom Vereisungsspray bis hin zur Lokalanästhesie. Warum man die nicht auch verwendet, wenn man schon mal beim Thema »Selbstmedikation« ist, kann ich Ihnen nicht sagen. Da stechen sie sich gegenseitig mit sterilen OP-Bestecken und professioneller Hautdesinfektion Piercings, weil die nun mal im Piercingstudio so unverschämt teuer sind. Zur Hautbetäubung aber greifen sie auf eine Packung Tiefkühlerbsen zurück. Ist echt passiert! Das soll mal einer verstehen …!

Die Frage, die mich in all den Jahren in der Tierarztpraxis aber am meisten beschäftigte, ist die nach der Henne und dem Ei. Natürlich im übertragenen Sinne. Eines steht für mich fest: Tierärzte und ihre Mitarbeiter sind echt eine Nummer für sich. Ich eingeschlossen. Für »normale« Menschen ist der Job scheinbar einfach nichts! Aber was war zuerst da? Wird man Tierarzthelferin, weil man ohnehin etwas anders ist als alle anderen?

Oder passiert das erst im Praxisalltag mit einem? Um das beurteilen zu können, stecke ich wohl viel zu tief drin in der Sache. Aber sollte das irgendjemand mal untersuchen, stehe ich gerne für Feldversuche zur Verfügung!

Fortsetzung folgt?

Irgendwann war es so weit: An mir nagte das drängende Gefühl, doch noch einen anderen Job ausprobieren zu wollen. Zuerst nur ab und zu – nach besonders anstrengenden Tagen wie jenem, an dem Frau Schubert, Herr Thompson und die Heidsieker-Schmalenbuschs uns gleichzeitig heimsuchten. Schließlich blieb das Gefühl dauerhaft und ließ sich auch von den vielen lustigen, spannenden und herzergreifenden Highlights meines abwechslungsreichen Berufs nicht mehr im Zaum halten.

Es war an der Zeit zu gehen. Ich reichte meine Kündigung ein – und heulte wie ein Schlosshund. Das gesamte Team heulte mit. Dann lachten wir, bis uns wieder die Tränen kamen. Zumindest in dieser Hinsicht war auch nach all den Jahren alles wie gehabt! Ich hatte einen vielversprechenden Zukunftsplan ausgearbeitet, der mich Schritt für Schritt zu einem neuen Traumjob führen sollte. Und nein, ich rede nicht von der Fleischerei!

Mein letzter Tag in der Tierarztpraxis endete stilecht mit jeder Menge Körperflüssigkeiten. Ein Terrierrüde hatte ein großes Stück Kunststoff gefressen. Um Schlimmeres zu vermeiden, spritzten wir ihm unser berüchtigtes Brechmittel. Im strömenden Regen harrten wir zu dritt der Dinge, die da kamen: der kotzende Hund, sein Besitzer und ich. Herrchen, übrigens ein besonders tapferes Exemplar der Gattung Mann, assistierte mir bei der Inspektion des Erbrochenen und bedankte sich immer wieder überschwänglich für meine Hilfe.

»Jederzeit wieder!«, grinste ich, die behandschuhten Finger tief im Mageninhalt des Hundes versteckt.

Da holte mich plötzlich die Realität ein: nicht jederzeit, sondern nie wieder! Das war's! Das war mein letzter Arbeitstag! Und obwohl ich mir das selbst ausgesucht hatte, machte sich Wehmut breit. Denn eines ist sicher: So einen Job gibt's kein zweites Mal!

Ich jedenfalls bin dankbar dafür, dass ich ihn ausüben durfte. Es war eine tolle Zeit – vor allem dank meiner wunderbaren Arbeitskollegen, vieler außergewöhnlicher Kunden und ihrer liebenswerten Haustiere.

In zwölf Jahren Praxisalltag habe ich Erfahrungen, Eindrücke und Geschichten gesammelt, die weit mehr als ein einziges Buch füllen könnten. Und wahrscheinlich tun sie das eines Tages auch. Denn so richtig loslassen wird mich die Tierarztpraxis wohl nie.

Bettina Peters
Schloß Holte-Stukenbrock 2014

Wie geht die Geschichte von Bob, dem Streuner weiter?

James Bowen
BOB UND WIE ER
DIE WELT SIEHT
Neue Abenteuer mit
dem Streuner
Aus dem Englischen
von Ursula Mensah
248 Seiten
mit zahlreichen
Abbildungen
ISBN 978-3-404-60802-7

Seit Bob da ist, hat sich mein Leben sehr verändert. Ich war ein obdachloser Straßenmusiker ohne Perspektive, ohne eine Idee, was ich aus meinem Leben machen sollte. Nun stehe ich wieder mit zwei Beinen auf der Erde, ich habe die Vergangenheit hinter mir gelassen, aber ich weiß nicht, was die Zukunft bringen wird. Zum Glück steht mir Bob mit seiner Freundschaft und seiner Klugheit zur Seite.

Die wunderbare Geschichte der Freundschaft zwischen James und seinem Kater wurde mit *Bob, der Streuner* zum Welt-Bestseller. In seinem neuen Buch erzählt James, wie Bob ihm in harten Zeiten und selbst in lebensgefährlichen Situationen immer wieder den Weg weist.

Bastei Lübbe

Herrlich skurrile Fallgeschichten aus der Medizin

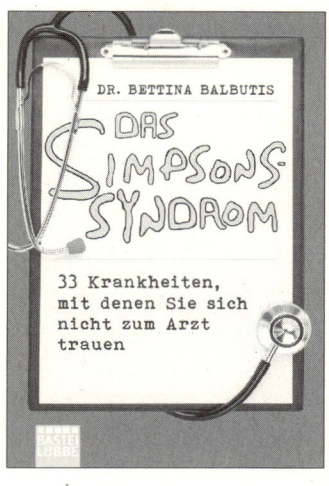

Bettina Balbutis
DAS SIMPSONS-SYNDROM
33 Krankheiten, mit
denen Sie sich nicht
zum Arzt trauen
320 Seiten
ISBN 978-3-404-60788-4

Stellen Sie sich vor, Sie sind hackedicht, obwohl sie keinen Tropfen Alkohol getrunken haben. Stellen Sie sich vor, Sie halten sich für mausetot, obwohl Sie quicklebendig sind. Stellen Sie sich vor, Sie werden vor Scham plötzlich nicht mehr rot, sondern gelb – wie Homer Simpson. Das gibt es nicht? Doch das gibt es! Dr. Bettina Balbutis hat diese und andere kuriose Krankheiten erlebt. Sie erzählt von 33 medizinischen Phänomenen, die so bizarr und seltsam sind, dass jeder Hausarzt mit den Schultern zuckt, bevor er laut zu lachen anfängt. Lustig, absurd, informativ: ein Gesundheitsbuch der ganz besonderen Art!

Bastei Lübbe